cocon

CoCon-Verlag
In den Türkischen Gärten 13
63450 Hanau
Telefon (06181) 17700 Fax (06181) 181333
E-Mail: kontakt@cocon-verlag.de
www.cocon-verlag.de
ISBN: 978-3-86314-348-0

Lektorat: Lena Lindhoff
Gestaltung: Manfred Nachtigal

Ida Todisco

OFFENBACH

Liebe auf den zweiten Blick

cocon

Für Lena

Fra Natale e Pasqua ... 6
DA ANGELO, MACELLERIA & SALUMERIA

Im Weinberg gibts kein "Sie" ... 18
GIBBERTS WEINBERG

Sommermärchen & kühles Sagres ... 28
CASA AVEIRENSE

Cha Giò – Die Frühlingsrolle ... 38
DUC TRAN AUF DEM WOCHENMARKT

Fast wie im Märchen ... 50
CAFÉ RAPUNZEL

Kleider & Geschichten ... 60
DIE SCHNEIDERIN MIRSINI

Kathedralenlicht & Hochprozentiges ... 70
BUNDESMONOPOLVERWALTUNG FÜR BRANNTWEIN

Mozzarella, Scamorza & Ricotta ... 84
DIE ITALIENISCHE KÄSEFABRIK L'ABBATE

Im Bauch des Wals ... 98
DER OFFENBACHER BÜCHERBUS

Mitten ins Herz ... 112
FRANCOS CAFFÉ CUORE

Blind Date ... 124
DER OFFENBACHER TANDEMCLUB

Sechs Brüder & eine türkische Bäckerei ... 136
CAVUS

Fra Natale e Pasqua

EINKAUFEN BEI ANGELO

Einen Tag vor Heiligabend sind die meisten Menschen damit beschäftigt, die letzten Weihnachtsgeschenke zu besorgen, Tannen oder Fichten in die Wohnung zu tragen oder im Keller die Schachteln mit Christbaumkugeln, Lametta und Krippenfiguren zu suchen. Wenn sie nicht zu den Weihnachtsmuffeln gehören, die über diese Tage weggeflogen/-flohen sind.

Ich hingegen war vor ein paar Jahren auf dem Weg nach Offenbach, um mir mit meiner Familie ein zum Kauf angebotenes Häuschen anzuschauen. In dem ich seitdem übrigens wohne. Danach sind wir auf der Suche nach etwas Essbarem durch Offenbach gefahren. Wir waren in Eile und hungrig, es sollte schnell und unkompliziert sein. Irgendwann sind wir an der Ecke Bleichstraße/Karlstraße gelandet. Und da war sie: unsere Rettung. Da Angelo, Macelleria & Salumeria. In dem kleinen Laden war wegen der bevorstehenden Feiertage die Hölle los. So viele Italiener auf einmal hatte ich das letzte Mal in Italien gesehen. Unglaublich, wie viele Leute in so einen kleinen Laden reinpassen, denke ich, während neben mir jemand auf neapolitanisch nach seinen vorbestellten Fenchelwürstchen fragt. Er muss über Weihnachten eine Fußballmannschaft zu Besuch haben. An der Theke lasse ich mehrere apulische Brötchen mit Provolone- und Pecorinokäse oder Prosciutto belegen, mit ein paar getrockneten Tomaten oben drauf.

In der Zwischenzeit betrachte ich den mit Menschen und Lebensmitteln gefüllten Laden, lausche dem Mix aus hessisch-italienischen Konversationen, Weihnachtswünschen und Großbestellungen. Von der Decke hängen wie im Schlaraffenland Schinken und Panetone, die klassischen italienischen Weihnachtskuchen, daneben überspannen italienische Wimpel den Verkaufsraum.

In diesem Moment begann die Liebe zu dem kleinen Laden, hielt Da Angelo Einzug in mein Leben.

OSTERBESUCH, BARACKEN UND SCHLACHTHOF

Jahre später erfahre ich von Angelo, wie und wann es ihn nach Offenbach verschlagen hat. „Ich bin 1980 zum ersten Mal nach Deutschland gekommen. Mein Onkel hatte mich an Ostern eingeladen. Damals war ich grade achtzehn geworden, in Italien hatte ich als Metzger gearbeitet, das hatte ich quasi von klein auf gelernt, bin immer mit in die Metzgerei. So war das damals. Mein Onkel meinte dann, ob ich nicht Lust hätte, den Sommer hier zu bleiben und mit ihm zu arbeiten. Das war eine gute Zeit", erinnert sich Angelo.

Sein Onkel gehörte zur ersten Generation von italienischen Gastarbeitern. In der Nähe von Neapel war er zu den ärztlichen Eignungsuntersuchungen im Zuge des bilateralen Anwerbeabkommens gegangen. Die Bundesanstalt für Arbeit organisierte damals die Zuwanderung italienischer Arbeitsmigrantinnen und -migranten über Anwerbebüros in Italien. Gesund und arbeitstauglich, landete Angelos Onkel in Dietzenbach. Wie die meisten aus dieser Generation lebte er die ersten Jahre in den „Bau-Baracken", in Gemeinschaftsunterkünften der jeweiligen Arbeitgeber. Später konnte er sich eine eigene Wohnung leisten. Dort, in Dietzenbach, hat Angelo damals bei ihm gewohnt und ebenfalls in der Firma in Heusenstamm gearbeitet. Auf dem Bau.

Nach dem ersten Sommer ging Angelo nach Italien zurück, zu Freunden und Familie. Aber schon damals war ihm klar, dass er bald wieder nach Deutschland kommen wollte, um hier zu arbeiten und vielleicht zu bleiben. Als er einige Monate später wiederkam, hörte er zufällig vom Offenbacher Schlachthof. Als gelernter Metzger fand er dort schnell eine Stelle, auch wenn seine Verwandten dem achtzehnjährigen Greenhorn diese Arbeit nicht zutrauten: „Das schaffst du nicht, das ist knallharte Arbeit dort, mitten in der Nacht aufstehen und früh morgens beginnen, wir geben dir zwei bis drei Tage." Geblieben ist er über zehn Jahre. „Nachtarbeit, Tagdienst, Spätdienst, Zwölf-Stunden-Schichten zum Teil, das war schon hart, da hatte mein Onkel recht. Aber die haben auch gut bezahlt", erinnert sich Angelo.

1990 wurde der städtische Schlachthof geschlossen und 1995 vom Frankfurter Architekturbüro Albert Speer und Partner teils in ein Kongress- und Kulturzentrum mit Hotel, teils in Wohnhäuser umgebaut. Auf dem gesamten Areal des Alten Schlachthofs wurden – und werden noch immer – Wohngebäude errichtet. Angelos ehemaliger Arbeitsplatz ist ein interessanter Ort. Der 1902–04 von dem jungen Architekten A. Röpert gebaute Komplex mit Schlachthallen, Maschinenhaus, Wasserturm, Kühlhäusern, Eisfabrik, Verwaltungs- und Wohngebäuden gehört zu den Offenbacher Bauten des späten Historismus. Wenn man in der Stadt unterwegs ist, kann man von vielen Punkten aus das prägnante Wahrzeichen des Alten Schlachthofs sichten, den Uhr- und Wasserturm aus verschiedenfarbigen Klinkern. Aus der Nähe entdeckt man die vielfältigen Details der kunstvollen Fassaden von Turm, zentraler Verteilerhalle und ehemaligem Kleinviehstall, die Eingänge aus imposanten Sandstein-Rundbögen mit Widderkopf-Skulpturen, die Gewölbedecken und das Sichtmauerwerk im Inneren. Puzzleteile des ehemaligen Stadtbilds.

Nach der Schließung wechselte ein Großteil der Belegschaft, darunter auch Angelo, zum Schlachthof in Aschaffenburg Ringheim. „Das ging noch drei bis vier Jahre, dann kam es auch dort zu Kurzarbeit, Mitarbeiter wurden abgebaut und schließlich die Tore ganz geschlossen", erzählt Angelo, und man merkt ihm beim Zuhören noch ganz den Gewerkschafter an, der sich engagiert für Kollegen, Sozialpläne und die gemeinsame berufliche Zukunft eingesetzt hat. „Hab viel gelernt in der Zeit", sagt er.

DER TRAUM VON DER SELBSTSTÄNDIGKEIT

Nach der Schließung war Angelo vorübergehend arbeitslos. Damit rückte der Traum von der Selbstständigkeit in den Vordergrund, der von Anfang an zu seinem Aufbruch nach Deutschland gehört hatte. Der erste Versuch in diese Richtung gelang allerdings nur für kurze Zeit. „In Idstein habe ich gemeinsam mit einem Freund eine Ristorante eröffnet. Ist aber nicht gut angelaufen, sehr hohe Investitionen wären nötig gewesen, hat leider nicht geklappt", erklärt er und ist auch schon bei der nächsten Deutschland-Station. Drei bis vier Jahre hat er in einem italienischen Lebensmittelgeschäft in Offenbach gearbeitet, Lehrjahre fürs eigene Geschäft. „Mit der Zeit kam wieder der Wunsch, mich selbstständig zu machen, sobald ich einen guten Laden in einer guten Ecke von Offenbach dafür finde", erinnert er sich, während zum x-ten Mal jemand „Buon Giorno" grüßt oder beim Hinausgehen „Ciao, Ciao" ruft.

CLEAR
Neutro med
Malizia
Malizia
NIVEA
Intesa
FELCE AZZURRA
BOROTALCO

Irgendwann hat er ihn dann mit etwas Glück gefunden – den passenden Laden in der richtigen Ecke. „Dann hab ich es einfach gewagt. Weißt du, man muss dann schnell entscheiden, wenn sich eine Chance ergibt", erklärt mir Angelo und erzählt von der Anfangszeit und der Eröffnung, als wäre sie gestern gewesen. „Wir haben hier den Laden gefunden und viel, viel umgebaut, viel renoviert, war alles ziemlich zugebaut, auch zu klein für die Kundschaft, fürs Sortiment", beginnt er. Wir, das meint Familie, Freunde und Verwandte. Da Angelo ist ein Familienbetrieb, ohne Familie läuft der Laden nicht. Seit 1987 ist Angelo mit seiner italienischen Frau, die er in Offenbach kennenlernte, verheiratet, sie arbeitet ebenso mit wie der Sohn und teilweise auch die Tochter.

Im August 2002 war es endlich so weit. Nach wochenlanger Anstrengung öffnete der Laden seine Türen. Angelo weiß noch genau, dass es ein Donnerstag war. Er und seine Frau hatten alles, was sie besaßen, in den Laden investiert.

„Keinen Cent mehr in der Tasche. Der Laden war bis oben gefüllt mit Lebensmitteln, Wein, Pasta, Fleisch, Käse und Antipasti. Das musste einfach gut anlaufen. Sonst Probleme", fasst es Angelo mit zwei Worten zusammen. Am Eröffnungstag lief dann alles mehr als gut an. Vor dem Geschäft bildete sich eine Warteschlange, die bis zum Abend nicht abriss. Die italienische Community, unter der sich die Neuigkeit schnell herumgesprochen hatte, kam ebenso wie viele neugierige oder an italienischen Köstlichkeiten interessierte Offenbacher. Hinzu kam in den nächsten Tagen jede Menge Laufkundschaft aus der Nachbarschaft oder vom nahen Wochenmarkt. Diese Ecke in Offenbach war also tatsächlich genau die richtige.

„Seit damals läuft es gut und ging immer weiter bergauf. Wir sind mehr als zufrieden, unsere Familie hat ein gutes Leben, mein Sohn kann hier mitarbeiten. Wichtig ist, dass wir zusammenhalten", schließt Angelo diesen Gedanken ab und blickt zu Michele, dem erwähnten Sohn, der uns von der Frischetheke aus zuhört.

FENCHELWÜRSTCHEN, ORECCHIETTE UND LA FAMIGLIA

In dem kleinen Laden ist jeder Zentimeter bis unter die Decke gefüllt: mit italienischen Lebensmitteln, Weinen, Pasta, an die fünfzehn verschiedenen Reissorten für Risotto, Pestogläsern, Gebäck, Wasch- oder Reinigungsmitteln. Außerdem gibt es eine große Frischetheke mit Fleisch und Wurst, Käsespezialitäten, Brot und Antipasti. Was dann noch keinen Platz gefunden hat, hängt malerisch von der Decke oder wird an quer durch den Laden gespannten Leinen platziert. Das sieht total schön aus. Gerade an Weihnachten, wenn verschiedenste Panetone den Raum füllen, oder wenn zu Ostern die traditionellen Colombe, Kuchen in symbolischer Taubenform, wie Schmuck von der Decke hängen und die riesigen, in Glitzerpapier eingepackten Schokoladen-Ostereier neben der Theke oder Kasse stehen. Ich liebe diese Zeit vor den großen Feiertagen, wenn Da Angelo noch mehr als sonst mit Menschen und Lebensmitteln gefüllt ist, wenn Leute bepackt mit Einkaufstüten und frischem Brot unterm Arm den Laden verlassen und sich dabei schöne Festtage wüschen.

Die Offenbacher Italiener oder italienischen Offenbacher finden hier auch eine Menge aus der Heimat oder dem Urlaub vertraute Haushaltswaren. Verpackung und Geruch von Spuma-di-Sciampagna-Marsiglia-Flocken-Waschmittel, Paglieri-Felce-Azzurra-Duschgel oder Chante-Clair Arancia-Spülmittel wecken bei dem einen Heimatgefühle, bei dem anderen Erinnerungen an die italienische Ferienwohnung. Bei mir sind es Kindheitserinnerungen. Etwa die kleinen Succo-di-Frutta-Pesca-(Pfirsisch-)Fläschchen oder mein Lieblingskäse in der hellblauen Verpackung mit den Sammelklebebildchen. Im Laden finden sich auch Kleinigkeiten des Alltagslebens wie Gummidichtringe oder Ersatzhenkel für Espressomaschinen, neapolitanische und sizilianische Spielkarten oder die, wenn man sie einmal probiert hat, unentbehrlichen Baci, „Küsse", das sind Nusspralinen, die in Poesiezitate eingewickelt sind. Wem im nächsten Liebesbrief oder der nächsten poetischen SMS nichts mehr einfallen sollte – der findet hier Hilfe.

An der Frischetheke habe ich seit Jahren meine Favoriten: den Provolone piccante, jungen Pecorino mit Peperoncini, dazu die wunderbar eingelegten grünen Oliven und den Parmaschinken, der ganz frisch aufgeschnitten wird. Fehlen dürfen natürlich auch nicht die Fenchelwürstchen, die täglich frisch gemacht werden. Mit frischem schwarzem Pfeffer und Wildfenchelsamen hergestellt, riechen und schmecken sie einfach köstlich. Bei Da Angelo wird auch frisch geliefertes Lamm-, Rind-, Schweine- und Pferdefleisch weiterverarbeitet. Zu den Kunden gehören vor allem Italiener aus Offenbach und Umgebung, aber auch viele Deutsche, Spanier und Portugiesen kaufen hier ein. Auch aus der benachbar-

ten Moschee kommen seit Jahren Kunden und lassen sich hier Brötchen belegen. „Anfangs hatten wir einen kleinen Bus und haben vieles selbst aus Italien geholt. Heute wird der Großteil von italienischen Großhändlern frisch und direkt aus Italien gebracht oder kommt von Zulieferern aus Deutschland", erklärt Angelo, während der Laden sich um die Mittagszeit langsam aber sicher mit Kunden füllt, meist Frauen und einige Männer, die sich hier in ihrer Mittagspause die leckeren Brötchen belegen lassen. Angelo und ich ziehen für den Rest des Gesprächs in die gegenüberliegende italienische Bar um, wo wir in Ruhe reden können. Während Angelo im Vorbeigehen an der Bar zwei Espressi für uns bestellt, denke ich einmal mehr, dass die Ecke Bleichstraße/Karlstraße so etwas wie die italienische Ecke in Offenbach ist. Hier die Bar, drüben Angelos Laden und an der anderen Ecke die italienische Pasticceria – insgeheim nenne ich das Viertel liebevoll „mein Spaghettiviertel".

Michele schaut in die Bar und erinnert seinen Vater an einen Termin mit einem Händler um halb eins. „Komm kurz her, setz dich zu mir", ruft ihm Angelo zu, weil wir zum Abschluss grade Fotos machen wollen. Michele setzt sich ganz selbstverständlich auf den Schoß seines Vaters und trinkt den Rest vom Espresso. Beide lächeln in die Kamera. „Vertragt ihr euch immer so gut?", frage ich schmunzelnd. „Ja, schon", antwortet Michele etwas verlegen. „Immer", antwortet Angelo, „wir sind wie beste Feinde." „Ist er ein guter Chef, dein Vater, und wie ist das Zusammenarbeiten?" „Klappt ganz gut", antwortet Michele in die Kamera. Angelo beginnt seine Antwort mit einem Scherz: „Er ist ein bisschen faul – aber nur, wenn ich da bin, ist normal in dem Alter. Wenn ich nicht da bin, macht er alles alleine, kriegt alles gut hin und übernimmt Verantwortung. Ich kann mich auf ihn verlassen."

BENEDETTO, DER GEMÜSEMANN

Zur „italienischen Ecke", zum Laden Da Angelo gehören untrennbar auch Benedetto und sein kleiner Gemüsestand dazu. Nur an Samstagen oder vor großen Feiertagen ist er dort anzutreffen. Dann stehen bei jedem Wetter Holzkisten voll frischem Gemüse und Obst und einige Säcke mit Nüssen oder Maronen vor Angelos Laden. Nur drei bis vier Meter entlang der Hauswand, direkt neben dem Eingang, hat Benedetto sein ganz spezielles Angebot aufgebaut, türmen sich sizilianische Zitronen neben kleinen Rispentomaten, Knoblauch oder Auberginen. Der frische Fenchel duftet bis über die Straße hinweg, und es gibt so wunderbare Überraschungen wie Cima di Rapa, eine Art Stängelkohl zu entdecken, den ich kiloweise mit nach Hause nehme. Passt bestens zu Angelos köstlichen Fenchelwürstchen, mit denen ich ihn in der Pfanne dünste. Dazu ein paar Orecchiette, und die Welt ist für mich in Ordnung.

Benedettos Sortiment ist begrenzt. Was er aber anbietet, ist total frisch und schmeckt, als käme es direkt aus dem Schrebergarten um die Ecke. Neben nussig-erdigem Romanasalat finden sich Carciofi, ganz frische Artischocken, die Benedetto von Oktober bis April in Holzkisten vor einem der Bäume stapelt. Eines Tages habe ich in einer der vielen Kisten auch eine Ladung Botoli entdeckt. Ich hatte diese köstlichen Mini-Artischocken zuletzt in einer kleinen Fischerkneipe auf Murano gegessen und seitdem in Deutschland vergeblich danach gesucht. Mit Benedetto habe ich jetzt vereinbart, dass er mir wann immer möglich eine Holzkiste voll davon aus Italien mitbringt. Das ist nämlich auch eine der Besonderheiten des kleinen Stands auf dem Bürgersteig: Benedetto fährt manchmal mit seinem Transporter nach Italien und bringt dann viele der Köstlichkeiten direkt von dort mit. Auch auf Bestellung.

Als ich mich am Ostersamstagmittag beim Einkauf mit ihm unterhalte, ist ein Großteil seines Feiertagssortiments bereits verkauft. Viele Italiener kommen ganz früh am Morgen und sind längst mit Kisten und Tüten, Brot und frischem Fleisch wieder zu Hause. Vom Wochenmarkt kommen noch vereinzelt Kunden und kaufen von den Pilzen, den rot-grünen Tomaten oder dem Fenchel. Benedetto und sein Sohn, der an solchen Tagen immer mithilft, sind zufrieden mit ihrem Markttag, stehen in der Sonne und teilen sich eine Orange, die Benedetto gerade geschält hat.

„NATALE CON I TUOI, PASQUA CON CHI VUOI"

In Italien gibt es ein Sprichwort: „Weihnachten mit den Deinen, Ostern mit wem es dir beliebt." Schön, dass Angelo damals an Ostern seinen Onkel besuchen kam und dann blieb. Die italienische Ecke mit Da Angelo und Benedetto ist eine Bereicherung für alle aus Offenbach und Umgebung, die dort ein kleines Stück Italien vor ihrer Haustür haben.

Egal mit wem Sie Weihnachten oder Ostern feiern: Wer Da Angelo noch nicht kennt, der sollte spätestens nächste Ostern oder Weihnachten den italienischen Lebensmittelladen besuchen – zum Einkaufen und zum Eintauchen in eine ganz besondere Atmosphäre und Mentalität, in eine ganz eigene Welt.

Macelleria & Salumeria Da Angelo
63065 Offenbach, Bleichstraße 60
Mo–Fr 8 – 19 Uhr, Sa 7 – 16 Uhr

Im Weinberg gibts kein "Sie"

ZUR WEINLESE NACH OFFENBACH-RUMPENHEIM

Als ich mich aus der Innenstadt mit dem Rad nach Rumpenheim aufmache, biegt gerade die Müllabfuhr in unsere Straße ein – sonst ist außer ein paar Menschen, die vor der Arbeit ihre Hunde ausführen, niemand unterwegs an diesem frühen Herbstmorgen.

Es ist diesig und noch kühl von der Nacht, über dem Main schweben Nebelschwaden, als ich am Ufer ankomme und Richtung Bürgel in die Pedale trete. Fast vergessen, wie schön das ist, so früh am Morgen am Fluss entlang zu radeln. Keine Ampeln, keine Autos, kein Lärm, absolut nichts, was irgendwie nervt. Kurz hinter Bürgel bekommt die schwarze Flussmasse allmählich Glanz: Die Sonne geht auf, Vögel zwitschern, und die Tautropfen auf den Mainwiesen beginnen wie Pailletten zu glitzern – wer jetzt noch was zu meckern hat, dem ist nicht zu helfen. Das alles ist atemberaubend schön. Den Atem brauch ich aber für die vor mir liegenden Kilometer durch die frische Frühherbstluft. Ich lasse Bürgel, den Hunderenn- und den Campingplatz hinter mir, und während ich die Schleife des Mainbogens ruhig entlangfahre, färbt sich die Landschaft langsam goldbraun, Sonne breitet sich aus und übernimmt für die nächsten Stunden die Oberhand.

Vor knapp zwei Jahren hatte ich per Zufall in Rumpenheim den kleinen Weinberg entdeckt, nicht weit von Schloss, Altstadt und Mainufer. Das fand ich so unglaublich wie Ananas auf Pizza, Schnee im Sommer oder Prosecco aus Dosen. Ich wollte mehr über dieses kleine Weinwunder und seine Geschichte in Rumpenheim erfahren. So kam es, dass ich an diesem Morgen so früh wie die Müllabfuhr unterwegs war und nach Rumpenheim radelte, um Claudia und Wolfgang Gibbert kennenzulernen, denen der Weingarten gehört. Im Gepäck Kamera, Diktiergerät und eine Gartenschere: Für heute Morgen war die diesjährige Weinlese terminiert, und ich durfte dabei sein.

Dass die Sonne herauskam, war gar nicht so selbstverständlich. Am Vorabend hatte es noch aus Tonnen geschüttet und ich bei Gibberts angerufen, um zu fragen, was wir denn bei Regen machen. Von Claudia Gibbert bekam ich optimistisch zu hören: „Erstens regnet es nicht und zweitens lesen wir trotzdem." Recht hat sie behalten, denke ich, als ich an der Rumpenheimer Fähre in den orangeglühenden Morgenhimmel schaue. Ein paar Sträßchen weiter ortseinwärts, nicht weit vom Ufer entfernt, liegt der Weingarten. Ich lehne mein Rad an einen Zaun und trete ein in dieses kleine Reich. Auf einem Tisch liegen mehrere Rebenscheren und Handschuhe, davor Eimer und Bütten zum Sammeln. Irgendwo in einer der Rebreihen entdecke ich Wolfgang Gibbert, der Vorbereitungen für die Lese trifft – vorerst noch allein.

„Meine Frau hat mir von Ihnen erzählt. Schön, dass sie mit dabei sind", werde ich herzlich empfangen. Ich packe meine Rosenschere und mein Diktiergerät aus, und wenige Minuten später stehen wir auch schon in der ersten Reihe und beginnen mit der Lese. „Am besten, wir lesen gegenüber an den Rebreihen entlang, dann können wir uns dabei unterhalten und arbeiten in eine Richtung", erklärt Wolfgang und stellt einen Sammeleimer auf meine Seite. Und wir beginnen, die etwa 30 Meter langen Reihen abzuernten, die aus neun bis zehn Rebstöcken bestehen.

MASCHINEN- UND WEINBAUER

Wolfgang Gibbert kommt aus Zell an der Mosel, wo seine Familie ein Weingut besitzt. In Rumpenheim ist er der Arbeit wegen gelandet. Nach dem Maschinenbaustudium hat er bei Siemens in Offenbach seinen ersten festen Job als Ingenieur angetreten, anfangs noch als Berufspendler zwischen Mosel und Main. Weinberge verlässt man nicht so leicht. Vor allem nicht, wenn man aus einer Familie stammt, die seit 1214 eng mit dem Weinbau verbunden ist. Schon sein Großvater und Vater waren Weinbauern, und auch Wolfgang bedeutet der Weinanbau viel. Irgendwann zog er dann aber doch nach Rumpenheim, wo er mit seiner Frau und Familie seit vielen Jahren lebt. Um die Weinberge an der Mosel kümmert er sich an den Wochenenden und an manchem Urlaubstag gemeinsam mit seiner Frau, oft unterstützt von Sohn und Tochter oder Freunden der Familie.

Dass jemand, der so eng mit dem Weinbau verbunden ist, irgendwann auch einen kleinen, versteckten Weinberg in Rumpenheim entdeckt – das passt, denke ich beim Zuhören. Wir beenden gerade unsere ersten Reihen, als Wolfgangs Frau und kurz darauf Sohn Stefan mit einem Freund der Familie dazukommen. Alle drei strotzen vor Tatendrang und guter Laune – man merkt, dass die alljährliche Lese in Rumpenheim ein schönes „Heimspiel" unter Freunden und Bekannten der Familie Gibbert ist.

Wie er den Weinberg denn entdeckt habe, frage ich Wolfgang am Beginn der nächsten Rebstockreihe durch die Traubenblätter hindurch.

„Wir hatten uns hier einen Garten gekauft, und als ich genauer aufs Flurstück und die Eintragungen schau – da steht da Weinberg als Flurbezeichnung." Als er und seine Frau der Sache nachgehen, finden sie heraus, dass es sich bei dem Flurstück um einen ehemaligen Weingarten handelt.

SEELENFRIEDEN UND DER LORSCHER KODEX

Der Weinberg, in dem ich 2010 bei der Traubenlese mithelfe, ist steinalt. Die im Jahr 764 gegründete Benediktinerabtei in Lorsch galt bis ins hohe Mittelalter als eines der großen Macht-, Geistes- und Kulturzentren in Deutschland. Im späten 12. Jahrhundert wurde der Lorscher Kodex als Verzeichnis der seit der Klostergründung erworbenen Besitztümer und Schenkungen angelegt. Unter den bis ins 8. Jahrhundert zurückdatierenden Erwerbungen ist auch der Weinberg in Rumpenheim zu finden. 770 wurde er von einem Gunthard aus Rumpenheim dem Kloster als Schenkung an den heiligen Märtyrer Nazarius, „dessen Leib im Kloster ruht", überlassen. Dies ist zugleich die erste urkundliche Erwähnung Rumpenheims. Wir stehen im zweitältesten urkundlich erwähnten Weinberg Hessens. Das fühlt sich irgendwie gut an, hat etwas Abenteuerliches. Der älteste Weinberg Hessens liegt an der Bergstraße, erzählt mir Wolfgang und macht sich mit unseren gefüllten Eimern auf in Richtung Kleintransporter zum Entladen. In der Morgensonne wird mir beim Traubenschneiden, Bücken, Strecken und Eimerleeren langsam warm. Das Gras ist noch nass

von der Nacht, und meine Turnschuhe verdienen nach zwei Stunden im Morgentau nicht mehr das beim Kauf versprochene Prädikat „wasserdicht".
Keine Ahnung, ob Gunthard durch die Schenkung seinen Seelenfrieden gesichert hat. Für den geborenen Weinbauern Wolfgang Gibbert jedenfalls war nach der Akteneinsicht klar, dass er auf seinem neuen Grund und Boden nicht etwa Gemüse anbauen und Apfelbäume pflanzen würde. 1998 setzten er und seine Frau wieder Rebstöcke in den ehemaligen Weinberg. 99 Stück der Sorte Rivaner. Man darf höchstens 99 Rebstöcke außerhalb eines nicht ausgewiesenen Weinanbaugebiets pflanzen, erklärt mir Wolfgang die ungewöhnliche Zahl.

HERZ- UND HANDARBEIT

Mittlerweile sind wir in der nächsten Rebenzeile angekommen. Von Reihe zu Reihe erfahre ich im Gespräch mit Wolfgang – durch die grüngesprenkelte Wand der Spaliere hindurch – etwas mehr über diesen Ort und seine Geschichte, aber auch über Weinanbau und Weinkunde im Allgemeinen. Wolfgang begrüßt kurz den nächsten Helfer – ein guter Bekannter, der gerade in Pension gegangen ist und die neue Freizeit nutzt, um freiwillig hier zu arbeiten. Seit Jahren ist er gerne mit dabei, wenn es seine Zeit erlaubt.
Wir kommen auf den Boden zu sprechen: Der ist unglaublich wichtig – nicht nur für das Wachstum der Reben, sondern auch für den Geschmack des Weins, erfahre ich. „Das ist ein ganz bindiger Lehmboden hier, gut für die Qualität. Früher ist der Main hier entlanggeflossen. Daher sind hier Sedimentablagerungen zu finden", erklärt mir Wolfgang die günstige Bodenbeschaffenheit. Mit dem Wetter dagegen war er in diesem Jahr nicht so richtig zufrieden. Das ging aber nicht nur Winzern so, sondern auch Bademeistern und Eisverkäufern.
„Die Ernte ist dieses Jahr etwas früher als sonst. Die Trauben müssten normalerweise noch zwei Wochen länger hängen, aber das schaffen die nicht, weil es nachts zu kühl und feucht ist. Wenn es jetzt noch mal warm wird, dann explodieren die Pilze nur so, und die Trauben sind innerhalb von zwei Tagen im Eimer. Deshalb machen wir dieses Jahr eine wetterbedingte Frühlese." Ich bin jetzt schon darauf gespannt, wie der diesjährige Wein werden wird. Den 2009er hatte ich ein paar Wochen zuvor probiert und war ganz begeistert davon. Als wir uns die nächste Reihe vornehmen, bietet mir Wolfgang das „Du" an und ent-

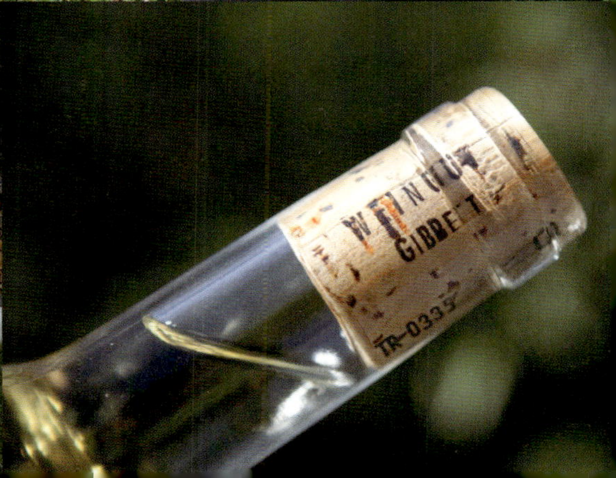
TR-0335

schuldigt sich, dass er nicht gleich daran gedacht hat. „Im Weinberg gibts kein Sie", erklärt er. Nicht nur deswegen fühlt man sich sehr schnell wohl und herzlich willkommen bei den Gibberts – hier gibt es keine prätentiösen, umständlichen Umgangsregeln, sondern ein nettes und angenehmes Zusammenarbeiten, das vor allem eines macht: Spaß.

Dass sich die Herbstsonne gegen halb zehn dann so richtig durchsetzt, es warm wird und wir unter einem blauen Himmel arbeiten – das macht das Ganze perfekt. Claudia Gibbert hatte recht mit dem Wetter. Winzer halt, Wetterbeobachter.

„Was du hier siehst, ist Grauschimmelfäule, Botrytis. Wenn man diese faulen Stellen nicht ausreichend entfernt, dann bekommen sie die Überhand, und es gibt mehr oder weniger Essig. Also immer mit der Schere oder Hand mal kurz durchgehen, so dass der größte Teil weg ist", zeigt mir Wolfgang an einem befallenen Traubenpergel. Und damit sind wir mitten im Thema Qualitätsmerkmale: Das hier ist eine handverlesene Ernte, alles absolut manuell. So achte ich beim Abernten auf Fäulnisstellen, aber auch auf so harmlose, friedliebende Tiere wie Marienkäfer, die ich vorsichtig in die Wiese puste. „Wenn du einen Marienkäfer siehst, auf keinen Fall mit in die Bütt' werfen", hatte mir Wolfgang einige Reihen zuvor gesagt, „ein einziger kleiner Käfer kann bis zu 100 Liter Wein vermasseln. Wenn die mitgekeltert werden, geben sie unter Stress irgendein Angst-Sekret ab, das den Wein verdirbt."

Die Sonne zeigt derweil, was sie trotz Herbstbeginn noch drauf hat. Beim Eimer-Ausleeren am Bus werfe ich Fleecejacke samt erster Pullover-Zwiebelschicht auf mein Rad. Toll, dieses Gefühl von körperlicher Arbeit, von Draußen-in-der-Natur-Sein, dabei Marienkäfern das Leben zu retten und zugleich die Weinqualität zu fördern. Langsam macht sich auch Hunger bemerkbar. Und dabei rede ich nicht über einen kleinen Appetit zwischendurch, sondern über H-u-n-g-e-r.

Wolfgang lobt mich für mein Tempo. Angespornt davon, gebe ich in den letzten zwei Reihen, die wir von der einen, Claudia und Stefan von der anderen Seite aus abernten, unauffällig noch etwas Gas. Die anderen Helfer haben in der Zwischenzeit die Lese an den Zaun-Randlagen aufgenommen.

Auch auf den letzten Rebenmetern bis zur Zielgeraden „Gedeckter Vespertisch" erfahre ich von Wolfgang noch einiges über Weinanbau, Traubenernte und Kelterung. Wir kommen auf die kleinen und großen Störenfriede im Weinbau zu sprechen.

Vögel, die hitchcockmäßig ganze Ernten wegfressen können, Wildschweine, die vor allem an der Mosel am liebsten rote Trauben fressen und dabei den ganzen Weinberg umgraben, oder Wespen, die, wenn sie in ganzen Völkerscharen auftreten, einem Weinberg auch zu schaffen machen können. Ich erfahre durch die Rebzweige hindurch, wie und warum Trauben einen Sonnenbrand bekommen können und was genau „verrieseln" im Weinbau bedeutet. Für meine Rebe zuhause im Garten erklärt mir Wolfgang mit der Geduld eines Grundschullehrers, was beim jährlichen Rebenschnitt zu beachten ist und wie „ausgeizen" Fruchtansätze fördert und Schimmel verhindert. „Ausgeizen musst du immer direkt nach der Blüte", lerne ich. Für mein Vogeldiebstahlproblem bietet er mir einfach eines seiner Netze zum Mitnehmen an. Hatte ich schon erwähnt, wie herzlich Wolfgang und seine Familie sind? Falls nicht, dann hiermit.

Kurz vor Feierabend schaut noch eine Journalistin von der Offenbach-Post vorbei. Claudia und Wolfgang geben ihr ein paar Infos zum Weinberg und der diesjährigen Lese. Zum Foto soll auch er dazu kommen, ruft seine Frau. „Geht ihr, ihr seht viel besser aus", ruft Wolfgang zurück, macht sich aber doch auf den Weg zur Kamera.

GISECCO UND RUMPENHEIMER RAHMKUCHEN

Langsam aber sicher haben wir sie dann geschafft: die Weinlese 2010. Das hört sich gut an und fühlt sich gut an. Claudia ist schon länger damit beschäftigt, alles, was zu einem herzhaften Winzerfrühstück gehört, auf dem Tisch auszubreiten. Wolfgang bringt noch die letzten Trauben zum Transporter, sammelt Scheren und Eimer ein. Irgendwann stehen wir alle gut gelaunt und stolz um den gedeckten Tisch, reden querfeldein, lachen, und Sohn Stefan schenkt heißen Kaffee in die Tassen und kühlen GiSecco – Riesling-Prosecco aus eigener Produktion – ins Glas. Er macht das charmant, zuvorkommend und wie ein italienischer Kellner am Wilhelmsplatz – irgendwo muss er mal richtig gut Italienisch gelernt haben – und bekommt sogar so sprachakrobatische Herausforderungen wie Forchetta oder Bicchiere bei der Besteckverteilung einwandfrei heraus. Der GiSecco schmeckt übrigens unglaublich lecker: Trocken und leicht, mit ausgeprägter Fruchtsäure, moussierend und nicht zu gefällig, passt er perfekt zu unserem Winzerfrühstück.

Claudia schneidet und verteilt den blechgroßen Rahmkuchen. Es gibt viele Rahm-

kuchen auf der Welt, das ist aber der Rumpenheimer Rahmkuchen, erfahre ich, und dazu jetzt nach dem ersten Kennenlernen nur so viel: Unglaublich lecker – der Kuchen wäre eindeutig ein eigenes Porträt wert.
Wolfgang und sein Sohn packen den restlichen Rahmkuchen, Kaffee und ein paar Stullen für die anschließende Fahrt an die Mosel ein. In Zell wird die Offenbacher Ernte nämlich gekeltert und anschließend ausgebaut. In Edelstahlbehältern lagert der Rumpenheimer Wein dort im Keller, bis er zwischen März und September in Flaschen abgefüllt wird. Vertrieb und Verkauf sind dann vor allem Chefinnensache. Als Wolfgang und Stefan losfahren, hupen sie kurz, und wir alle winken dem mit Weintrauben gefüllten Kleintransporter wie in einem alten Film hinterher.

Auch ich mache mich auf den Heimweg. Das Mainufer hat sich mit Radfahrern, Joggern, Walkern und Menschen mit Hunden gefüllt. Nach dem vielen Regen der vergangenen Wochen hat sich die Sonne endlich durchgesetzt, auf dem Main glitzern Wunderkerzen, und ein paar Ruderer vom WSV Bürgel zerteilen gekonnt das Wasser. Ich trete glücklich in die Pedale, ohne in diesem Moment etwas zu denken, zu vermissen oder zu wollen. In der Fahrradtasche zwei Flaschen Wein von der Lese 2009, die mir Claudia und Wolfgang als Dankeschön mitgegeben haben, und ein paar Pergel Weintrauben. Das ist ein perfekter Tag. Klar, dass ich nächstes Jahr wieder dabei bin.

www.gibbertsecco.de

2010er
Offenbacher Wein
Weiswein halbtrocken
0.50 Ltr.
11vol%

Água CRUZEIRO
Água Serrada
Água Luso
Água Luso

Sommermärchen & kühles Sagres

EIN STÜCK PORTUGAL AN DER BIEBERER STRASSE

Der Blick auf den Tejo, das Leuchten der weißen Marmorpaläste, die alten Häuser mit ihren gekachelten Wänden aus blauweißen Azulejos und begrünten Innenhöfen, melancholische Fado-Musik, der Duft von gereiftem Portwein und ofenfrischen, noch warmen Pastéis de Belém ...

Was das alles in einem Buch über Offenbach zu suchen hat? Auf den ersten Blick eigentlich nichts. Aber manchmal weht ein Hauch davon durch die Bieberer Straße. Und wer nicht mitten im Berufsverkehr steckt, den Kopf frei und die Augen auf hat, der kann den Laden und ein Stück portugiesisches Leben dort entdecken. Ich weiß nicht, wie oft ich schon in den sechs Jahren Offenbach die Bieberer mit dem Rad rauf und runter gefahren bin, an der Bahnunterführung in Richtung Alter Friedhof und Mainufer abbiegend oder am Mathildenplatz die Abkürzung zum Wilhelmsplatz ansteuernd. Irgendwann parkte und blinkte ein riesiger LKW auf der Busspur, beladene Europaletten standen auf der Laderampe und einige Leute schleppten in der Mittagshitze die Waren in das dahinterliegende Haus. So wurde ich auf den portugiesischen Laden dort aufmerksam. „Casa Aveirense – Portugiesische & Spanische Lebensmittel" stand klein über der Tür, eine verwitterte, grün-rote Fahne wehte im Sommerwind. Was sich mir von dieser ersten Begegnung am stärksten eingeprägt hat, stand auf der Laderampe in Plastik verschweißt neben einer Palette mit Maismehl: Sagres, mein Fußball-WM-Bier zum Endspiel 2006. Wenige Wochen zuvor war ich zum ersten Mal in Portugal

gewesen, ein verlängertes Wochenende in Lissabon, und hatte mir in einer kleinen Bar in der Altstadt zusammen mit einer Handvoll Touristen und Einheimischen das Endspiel Frankreich - Italien angeschaut, auf einem alten Fernseher, der auf einem Barhocker vor dem Schaufenster stand. Dazu tranken wir Sagres aus 0,25-Liter-Fläschchen, aßen Bacalhau-Kroketten, Tomatensalat mit roten Zwiebeln und Pommes. So was vergisst man nicht - das kühle Bier, den leckeren Stockfisch, das Elfmeterschießen und Zidanes Kopfstoß gegen Materazzis Brustkorb.
Ich nahm mir vor, gleich auf dem Rückweg aus der Innenstadt den kleinen, versteckten Laden von innen anzuschauen und ein paar Portugal-Erinnerungen aufzufrischen.

CARLA, LUNA UND OFENFRISCHE PASTÉIS

Im vorderen Bereich des Ladens werkelte Carla gerade an der Espressomaschine. Ihre Mutter und eine Bekannte standen an einer grünen Wiege, in der Luna, der heimliche Star des Nachmittags, lag, süß vor sich hin brabbelte und nach dem Sonne-Mond-und-Sterne-Mobile griff, das über ihr in der Luft schaukelte. Luna ist Carlas Tochter - das muss einem niemand erklären, das sieht man - und oft im Laden anzutreffen. Ich bestelle mir einen Espresso und erkunde in der Wartezeit die vielen Regale mit Lebensmitteln, Obst, Gemüse, Oliven, Wein und portugiesischen Tonwaren. Fischernetze mit Muscheln und Seeigeln hängen über der Kühl- und Gefrierkost, an der Decke Deutschland- und Portugalfahnen. Der Espresso hat das Zeug für drei Nachtschichten am Stück.
Eine Kundin holt vorbestellte Brote ab, die hier jeden Morgen ganz frisch geliefert werden, viele davon mit Maismehl gebacken. Beim Gehen ruft sie auch Luna lächelnd ein Ciao-Ciao zu. Carla verschwindet hinter einem Vorhang in der Küche. Als sie kurz darauf ein ganzes Tablett voller Pastéis mitbringt, traue ich meinen Augen nicht.
In Lissabon werden diese köstlichen, locker-fluffigen Puddingtörtchen im gebräunten Blätterteigmantel ganz in der Nähe des spätgotischen Hieronymusklosters im Stadtteil Belém hergestellt, seit etwa 1837, in der wunderschönen, altmodischen Konditorei Fábrica des Pastéis de Belém, nach einem alten Geheimrezept. Nur die dort gebackenen dürfen Pastéis de Belém heißen, alle anderen müssen sich mit dem Namen Pastéis de Nata zufrieden-

geben, „Sahnetörtchen". Wir hatten damals 40 Stück im Handgepäck importiert, weil wir annahmen, die nächsten Jahre ohne dieses sündhaft leckere Gebäck auskommen zu müssen.

Und hier stellt Carla ihre selbstgebackenen, nach Vanille duftenden, noch warmen Pastéis einfach so auf die Ablage an der Theke. Wenn das jetzt keine Halluzination aufgrund der Sommerhitze ist, dann ist es eines jener kleinen Alltagswunder in Offenbach, die ich über alles liebe, denke ich, „sechs Stück zum Mitnehmen und eines zum Gleichessen", sage ich. Beim Probieren an der Theke fällt mir dazu nur Folgendes ein: Das schmeckt weltmeisterverdächtig gut und sollte unbedingt mit auf meine „Was nehme ich alles auf eine einsame Insel mit"-Liste. Ich kaufe noch etwas Ziegenkäse und frisches Maisbrot und gehe zur Kassenecke, in der wieder Carlas Mutter ihren Platz eingenommen hat. Luna ist in ihrer Wiege eingeschlummert.

WASSERMELONEN, MEERESTIERE UND VINHO VERDE

Seit mittlerweile neun Jahren gibt es das Geschäft in Offenbach. Angefangen hat alles ein paar Häuser weiter, wo Carlas Mutter Aurora zunächst nur halbtags geöffnet hatte, um zu schauen, ob es anläuft. Carlas Vater arbeitete als LKW-Fahrer, fuhr oft Touren nach Portugal und kümmerte sich um den Transport der Ware. „Das erste Geschäft war ganz, ganz klein, 35 qm höchstens", erinnert sich Carla, die in Portugal geboren ist und mit sechzehn Jahren nach Deutschland kam.

Allmählich entwickelte sich das Geschäft dann immer besser, es sprach sich herum unter Portugiesen, meist Gastarbeitern, und anderen Kunden, erzählt Carla. So gut, dass Carlas Mutter ihre Arbeit aufgeben konnte, um sich ganz selbstständig zu machen. Nach einiger Zeit wurde ein größerer Laden gesucht – und kurz vor der Bahnunterführung in der Bieberer Straße gefunden.

Die Casa Aveirense ist ein Familienbetrieb durch und durch. Man trifft dort meist Carla, oft aber auch ihre Mutter, ihren Bruder, ihre Cousine oder Carlas Mann Luis an. Die beiden Töchter, Luna und die fünfjährige Lara, mischen auf ihre Weise mit. „Nur so konnten wir das alles schaffen", erzählt Carla, die eine Macherin ist, mit auf die Hüfte gestützter Hand. „Am Anfang kannst du nicht alleine davon leben oder dir gar Personal leisten. Jeder aus der Familie kommt oder springt ein, wenn es nötig ist.

Wir machen das ja auch gerne. Meine Eltern kamen als Gastarbeiter hierher und haben das langsam aufgebaut, auch für uns."

Heute läuft der portugiesische Familienbetrieb mehr als gut. „Jeder kann sich auf jeden verlassen", sagt Carla und schaukelt dabei Luna in einem mit rosa Decken ausgepolsterten Einkaufswagen hin und her. Darin wird die Kleine die nächste Stunde neben ihrer Mutter an der Kasse schlafen. Es ist noch früh am Morgen und im Geschäft nicht viel los. Carla hat Zeit, die frischen Backwaren in die Holzregale zu räumen, Etiketten auszutauschen und Bestellungen zu organisieren.

Die verschiedenen Arbeiten im und um den Laden herum werden gemeinsam gemeistert. Von Einkauf und Lagerung über Sortiment, Verkauf, Beratung und Kasse bis zur Buchhaltung packen alle mit an, Allround-Könner, die in den Laden und die dazugehörigen Aufgaben hineingewachsen sind.

Das gemeinsame Anpacken ist dabei auch ganz wörtlich zu verstehen. „Das Ausladen der Ware war früher echt anstrengend", erinnert sich Carla; ganze Europaletten voller Ware mussten von der Straße in den Laden getragen werden. „Die Kastanien waren lose in einer riesigen Box, etwa 1000 Kilo, und wir mussten die erstmal in kleinere Behälter umfüllen und dann so ins Geschäft tragen. Wenn die kamen, das war ein Katastrophentag. Jeden Muskel spürst du da abends." Das war nur noch durch die Melonenlieferungen im Sommer zu toppen. „Wir haben Ketten gebildet zu fünf, sechs Leuten", in denen jede Melone einzeln von Hand zu Hand ging. Seit Kurzem ist diese harte Arbeit vorbei: Es gibt jetzt eine Filiale in Mainz, zu der ein großes Lager gehört, in dem die Ware viel leichter ver- und entladen werden kann, verrät Carla mit erleichtertem Lächeln.

Das Angebot an portugiesisch-spanischen Spezialitäten ist vielseitig, und die kleinen Rundgänge durch den Laden gleichen Entdeckungsreisen ins Unbekannte. Ein großes Sortiment an Portwein, portugiesischem Bier, Rot- und Weißwein, darunter natürlich mehrere Sorten Vinho Verde, ein junger, leicht moussierender Wein, der zu einem Sommeressen im Garten fast genauso gehört wie der Sommer. Daneben Maismehlsorten, Gebäck, Eingelegtes in Gläsern und Dosen und weiter unten im Regal eine Unendlichkeit von getrockneten Hülsenfrüchten, Feijão in vielen Sorten – Bohnen sind ein wichtiger Bestandteil der portugiesischen Küche, der zum Teil auch für Süßspeisen verwendet wird. Richtung Schaufenster gibt es eine kleine Ecke mit schönen

portugiesischen Tonwaren, Kacheln und Kupfergefäßen. Daneben Obst und Gemüse, Olivenöle und alles, was man für eine Calde Verde, eine portugiesische Kartoffel- und Kohlsuppe, braucht.
In der großen Kühlecke fehlt nichts von dem, was einem zum Thema Meerestiere und Portugal einfällt. Zu allererst fällt mir da unser WM-2006-Bacalhau ein. Bacalhau ist über alle Gesellschaftsschichten hinweg eines der Nationalgerichte Portugals: gesalzener und getrockneter Kabeljau, für den es unzählige Rezepte gibt. Man findet in der Bieberer Straße auch alle Zutaten für eine gute Fischsuppe. Sehr beliebt sind hier Sardinen. Gegrillt, als Sardinhas assadas, sind sie gerade im Sommer nicht wegzudenken aus dem Leben der Offenbacher Portugiesen. Außerdem gibt es Tintenfische, Langusten, Krebse, Tunfisch, Schwertfisch, Aal, Garnelen und Austern. Langusten und Muscheln hätte ich fast vergessen. Wie auf einem Fischmarkt in Portugal. Kein Wunder: Die Casa Aveirense ist nach Aveiro benannt, der für ihren großen Fischerei- und Seehafen bekannten Hauptstadt der gleichnamigen Region in Nordportugal.
Wer von dem Meeresgetier genug hat, kann eine 90-Grad-Drehung absolvieren und die Käse- und Wursttheke ansteuern. Hier gibt es Würste, Speck und eine kleine, aber schöne Auswahl an Kuh-, Schaf- und Ziegenkäsesorten, die, meist kräftig-würzig und bodenständig, zum Abendbrot mit Tomaten und einem Glas Rotwein aus dem Alentejo passen. So einfach hält ein Hauch von Portugal Einzug in die kleinste Einbauküche Offenbachs.

BUNTGEMISCHT MIT SAUERKRAUT

Vor einem Jahr ist der Laden wieder ein paar Meter Richtung Innenstadt umgezogen, der Bieberer aber treu geblieben und jetzt schräg gegenüber vom Finanzamt zu finden. Als ich Carla einige Zeit nach der Wiedereröffnung dort treffe, blickt sie sich zufrieden in dem noch etwas größeren und kundenfreundlicheren Laden um. Wie erhofft, hat der kleine Ortswechsel auch einiges an Laufkundschaft gebracht. „Man ist schlicht besser zu finden und zu sehen“, sagt Carla und sucht dabei Luna, die sich irgendwo im Laden versteckt hat. Das ist ganz klar auch ihr Reich, ihr Kinder-Kaufladen in echt sozusagen. Sie spielt Verkäuferin, malt, liest Kinderbücher, singt und tanzt vor sich hin oder spielt Verstecken. Unglaublich, dass sie vor gar nicht allzulanger Zeit noch in Decken eingekuschelt im Einkaufswagen an der Kasse schlief. „Sie wirkt, als wäre sie die halbe Chefin hier“, kommentiere ich Lunas Eroberung des Ladens. „Ja, geht schnell rum die Zeit“, sagt Carla und schaut etwas gerührt in Richtung ihrer Tochter.

Die Kunden sind bunt gemischt. „Portugiesen, Spanier, Brasilianer und viele Deutsche, Italiener und sogar Chinesen. Die kaufen hier Maismehl und Hummer und Meeresfrüchte ein“, berichtet Carla. Ihre Kunden kommen sogar aus Darmstadt, Groß Gerau, Dieburg und Aschaffenburg. Morgens ist es eher ruhig im Laden, in der Frühe oder um die Mittagszeit kommen oft junge Mütter oder ältere Portugiesinnen auf ein Schwätzchen beim Einkaufen vorbei oder warten hier, bis sie ihre Kinder von den nahen Schulen oder Kitas abholen können. Aber abends, an Samstagen und an Freitagen ist viel los und einiges zu tun. „Vor Feiertagen finden hier Riesen-Einkäufe statt“, erzählt Carla. „Da ist dann immer auch meine Cousine, meine Mutter oder mein Mann mit dabei.“

Inmitten all der leckeren portugiesischen Lebensmittel möchte ich von Carla wissen, was sie denn selbst am liebsten mag aus der Küche ihrer Heimat oder aus anderen Ländern. Carla stemmt wieder ihren Arm in die Seite und lacht. „Ich liebe Sauerkraut, und Bratwurst. Kartoffelbrei mit Sauerkraut, das liebe ich beim deutschen Essen am meisten.“ Und sonst? „Portugiesisch – da esse ich eigentlich alles gern. Ich kenne alle Gerichte von meiner Mutter und Großmutter. Stockfisch, der ist einfach genial, den esse ich unheimlich gern. Oder Eintöpfe nach unseren alten Rezepten, gerade im Winter, die geben Power“, lacht Carla und tut so, als suche sie wieder nach Luna, die sich hinter der Theke versteckt hat. Als ihre Mutter sie "findet", schreit Luna jauchzend auf, wie beim Karussellfahren. Während Carla ihre Tochter olympiareif in die Luft wirft und wieder auffängt, hole ich mir meinen Lieblingsziegenkäse aus dem Kühlregal und packe Bacalhau-Kroketten und Vinho Verde in den Einkaufskorb. An der Theke beim Zahlen kommen noch sieben ofenfrische Pastéis dazu. Damit ist das Wochenende auf eine perfekte Art eröffnet. Falls Freunde spontan über den Gartenzaun schauen sollten, bin ich gerne bereit, ein oder zwei Pastéis abzugeben. Mehr aber nicht. Da hört die Freundschaft auf.

Casa Aveirense
63065 Offenbach, Bieberer Straße 76
Mo- Fr 9 – 19 Uhr, Sa 9 – 18 Uhr

SAGRES
LITROSA
SAGRES
LITROSA
SAGRES

Cha Giò
Die Frühlingsrolle

FRÜHLINGSERWACHEN AUF DEM OFFENBACHER WOCHENMARKT

Duc Tran ist gerade mit seinem Standaufbau fertig, als ich zum Markt komme. Es ist Dienstagfrüh, halb acht und noch etwas frisch an diesem Frühlingstag, aber die Sonne scheint, und ein hellblauer, klarer Himmel spannt sich über den frisch umgestalteten Wilhelmsplatz.

Bilderbuch-Markttag. Blumen, Kräuter, Gemüse und Obst füllen die Tische, auf dem neuverlegten Kopfsteinpflaster stehen in Holzkisten Pflanzen und Blumenzwiebeln, an einigen Gemüseständen türmen sich zum ersten Mal in diesem Jahr die Grüne-Soße-Päckchen zu weißgrünen Papierpyramiden.

Mit Duc habe ich mich zu einem kurzen Gespräch fürs Buch verabredet. Als Allererstes kaufe ich aber für mich und meine Kollegin mehrere Frühlingsrollen und eine Packung frische Mungobohnensprossen fürs Büro. Ich bin nicht die Einzige, die auf diese Idee gekommen ist; während des Gesprächs kommen mehrere Leute am Stand vorbei, um sich auf dem Weg zur Arbeit für ihre Mittagspause einzudecken. Während wir reden, räumt Duc noch ein paar Päckchen in eines der vielen Regalfächer ein, dreht Kokosmilchdosen, Fläschchen mit Fischsoße oder Sesamöl so, dass das Etikett gut sichtbar nach vorne schaut, und stellt das Glas mit den Glückskeksen auf die Verkaufsvitrine. Man spürt: Das hier ist sein Reich. Die raffinierte Konstruktion seines Marktstands hat er selbst entworfen und alles eigenhändig zusammen- und in einen Anhänger eingebaut. Inklusive Waschbecken, Kühl- und Warmhaltevorrichtung. Auf kleinstem Raum kann er so unglaublich viel unterbringen, kann Schubladen aufziehen, Flügel ausklappen, das Dach erhöhen und senken, da oder dort noch etwas aufhängen, falls die Stellfläche nicht ausreicht. Und alles bequem transportieren. Der unscheinbare Anhänger, mit dem er an den Markttagen anreist, hat etwas von einem Zauberkasten.

Es ist noch ruhig auf dem Markt. Nur einige Rentner, die Marktaufsicht und ein paar Leute, die auf dem Weg zur Arbeit sind, steuern gezielt verschiedene Stände an. Kaum einer von ihnen geht vorbei, ohne Duc zu grüßen, ihm etwas zuzurufen, eine Frage zu stellen. Stammkunden bestellen für mittags vor, andere Händler bringen Salat und bekommen Frühlingsrollen dafür. Duc blinzelt beim Zurückgrüßen in die Sonne. Das tolle Wetter ist heute ebenso Thema wie die bevorstehenden Kommunalwahlen, einige Parteien bauen zwischen Kiosk und Markthäuschen gerade ihre Sonnenschirme auf, stellen Plakate davor.

Duc ist seit sieben Uhr auf dem Markt. Der Tag hat für ihn und seine Frau aber schon vor Sonnenaufgang begonnen. Gegen zwei Uhr nachts stehen beide vor den Markttagen in der eigenen kleinen Gewerbeküche und bereiten zusammen die Frühlingsrollen zu. Sie drehen und backen dann Dutzende „Cha Gios", wie die leckeren Rollen auf Vietnamesisch heißen, und füllen Mungobohnensprossen und Tofu ab. „An jedem Markttag werden die Frühlingsrollen ganz frisch zubereitet, nichts ist eingefroren, alles Handarbeit", erklärt Duc nicht ohne Stolz. Spätestens beim ersten Biss in eines der Röllchen weiß man und schmeckt man das. Nichts Tiefgekühltes ist darin, das kurz in Fett oder Mikrowelle aufgetaut worden wäre. Keine Kühlkette von Amsterdam, England oder Asien bis nach Offenbach. Keine Geschmacksverstärker oder Zusatzstoffe. „Alles ganz frisch, von A bis Z", sagt Duc lächelnd. Das gilt auch für die selbst gezogenen Mungokeime. Wenn ich Frühlingsrollen fürs Abendessen mit nach Hause nehme, dann gehört dazu immer eine Tüte voller frischer Mungobohnensprossen, die Duc meist Freitag und Samstag mit im Sortiment hat. Zuhause mache ich daraus mit einem Dressing aus Sojasoße, Balsamico-Essig, Salz, Pfeffer, Zitrone, einer Messerspitze Gemüsebrühe, ein wenig Senf und Honig einen leckeren Salat.

Wenn man von der Existenz der Frühlingsrollen nichts weiß, dann könnte man zwischen Blumen- und Gemüseständen glatt an dem kleinen Stand vorbeilaufen, der auf den ersten Blick allein als Kaufladen für asiatische Kochzutaten daherkommt. Duft- und Klebreis, Currypasten, Soja- und

Fischsoßen, Zitronengras und Kokosmilch stehen da nebeneinander aufgereiht. Man könnte die weltbesten Frühlingsrollen auch beim Gewürz- oder Reiseinkauf einfach übersehen, so unauffällig sind sie in einer kleinen Glasvitrine neben Mungokeimen und Koriander, Ingwer und einem Eimer mit frischem Tofu platziert. Aber früher oder später entdeckt man die vielen Leute, die neben dem Stand oder auf einer der nahen Bierbänke ihre Frühlingsrollen zufrieden in die wahlweise süße, scharfe oder gemischte Soße tunken, glückliche Esser, die hier einen Augenblick Pause machen, bevor sie weiterlaufen zum nächsten Einkaufsstand, zur nächsten Etappe ihres Tages. Bei Regen dürfen sie auch mal kurz neben Duc unter dem Vordach des Verkaufsstands stehen.

Seit mehr als 15 Jahren gibt es den kleinen Stand auf dem Offenbacher Wochenmarkt. Und dass dies so ist, hat mit Glück, Zufall und auch Liebe zu tun. Als Duc seine Frau kennenlernte, studierte er gerade in Stuttgart, sie arbeitete als Zahntechnikerin in Offenbach. Dass er sie dann meist hier in Offenbach besuchte und nicht umgekehrt, ist für den Fortgang der Geschichte wichtig – denn sonst würden heute vielleicht die Stuttgarter das Glück haben, diese wunderbaren Frühlingsrollen angeboten zu bekommen. Ducs Frau wohnte damals in einem der schönen alten Häuser aus rotem Backstein am Wilhelmsplatz, neben der Bäckerei Beck. „Am Wochenende haben wir immer aus dem Fenster auf das Marktleben geschaut, waren da einkaufen, das hatte auch etwas von unserer Heimat. Ich fand's schön, und wir haben gedacht, wir können doch vielleicht auch was machen auf dem Markt, so kam das", erinnert sich Duc.

Am Anfang begann alles ganz klein. Ein einfacher Tisch und ein Sonnenschirm dienten in den ersten Jahren als Verkaufsstand, und die Leute vor Ort mussten erstmal von dem neuen Angebot zwischen „Handkäs und Musik", Kartoffeln und Tomaten überzeugt werden. „Am Anfang war es nicht so einfach. Manche Leute waren sehr vorsichtig und skeptisch, Frühlingsrollen kannten viele noch gar nicht. Die haben gefragt: Schmeckt das denn auch? Und was genau ist das? Dann haben sie aber probiert und sind wiedergekommen", erzählt Duc und kann heute dabei lächeln, schließlich ist die Existenzgründerphase mit einem marktunüblichen Produkt mehr als gut überstanden. „Ich habe viele sehr nette und gute Kunden, die gerne immer wiederkommen. Einige kommen sogar von weit her, Königstein oder Aschaffenburg, die nehmen Mengen mit nach Hause zum Einfrieren. Viele junge Kunden, aber auch ältere Leute, die ich schon viele Jahre kenne, Familien, Leute vom Büro", zählt er auf, und ich bin beruhigt, dass ich mein Mittagessen fürs Büro bereits sicher verpackt in der Tasche habe. Unter seinen Kunden sind auch viele „alte" Offenbacher und -innen, wie ich an diesem Morgen mitbekomme. Während des Gesprächs kommt eine ältere Frau mit Tupperbox, um das spätere Mittagessen mit nach Hause zu nehmen. Süß-sauer, scharf oder gemischt - danach muss Duc bei seinen Stammkunden nicht mehr fragen, auch ihr gibt er, ohne nachzufragen, die richtige Soße in einem Tütchen mit.

KAUFLADEN

Zum nächsten Marktbesuch komme ich so früh am Morgen, dass ich Duc beim Aufbau des Verkaufsstands zuschauen kann. Ich kann es einfach nicht glauben, wie aus diesem winzigen Autoanhängerchen in einigen Minuten und mit wenigen gekonnten Handgriffen ein überdachter Kaufladen mit allem Drum und Dran und einem so beachtlichen Sortiment wird. Seitenflügel werden aus- und umgeklappt, Vorbauten aufgestützt, Regaltreppen aufgestellt, Planen aufgerollt und das Dach hochgekurbelt, der Strom angeschlossen, warmes Wasser fließt und ein Mini-Kühlschrank brummt vor sich hin. Ein ausgeklügeltes und selbstgebautes Holzregalsystem ermöglicht, auf wenig Platz in unterschiedlichen Höhen Vieles unterzubringen. Ganz zum Schluss wird noch die Glasvitrine mit Frühlingsrollen aufgefüllt und die Warmhaltevorrichtung eingeschaltet.

Das Ganze erinnert mich an meinen alten Kinderkaufladen aus Holz mit der kleinen Registrierkasse und den an die hundert Päckchen und Döschen mit Lebensmitteln oder Haushaltswaren, die ich meinen Geschwistern für Plastik-D-Mark verkaufte.

Heute frage ich Duc nach dem Rezept seiner Frühlingsrollen und ernte - von einem Lächeln abgemildert - natürlich ein Nein. Eigentlich nur ein halbes Nein. „Ich glaube, das darf ich nicht verraten, wie es ganz genau geht zumindest. Das ist ein Familienrezept von meiner Frau, und die genaue Mischung wird von ihr gemacht", erklärt er. „Sie können aber wissen, was ungefähr so alles reinkommt, wie es gebacken wird", bietet er mir freundlich an. So erfahre ich dann doch ein wenig über die speziellen Zutaten und Gewürze für die selbstgemachte Gewürzmischung, für Füllung

NOODLE
Mie Nudeln ohne Ei
0,90€ / 250gr.
Mie Nudeln mit Ei
1.60€ / 500gr.
Reisnudeln
1 80 / pk.
panischer Reis
für SUSHI
/ 1000gr.
geschnittene
Klebreis

Sesamkugel
bben chips

und Teig, die Duc auf dem Offenbacher Markt, aber auch aus Thailand, Vietnam oder China bezieht. In die vegetarischen Frühlingsrollen kommt Weißkohl, Spitzkohl oder eine der eher „lockeren“ Sorten vom Markt hinein. „Die festen Kohlsorten haben einen sehr intensiven, manchmal zu strengen Geschmack, das passt nicht so gut zu meinen Frühlingsrollen“, erklärt Duc die Nuancen, die es ausmachen. Dazu kommen dann noch Sojasprossen, Karotten und etwas Kohlrabi, die mit Hilfe einer Maschine zu langen, dünnen Spaghetti-Fäden zerkleinert werden. Die geheime Gewürzmischung ist das A und O und bleibt verständlicherweise auch weiterhin top secret. Solange Duc und seine Frau auch weiterhin an drei Tagen in der Woche auf dem Offenbacher Markt ihre köstlichen Frühlingsrollen anbieten, soll das Rezept meinetwegen für immer und ewig ihr Geheimnis bleiben.

Bei den Frühlingsrollen mit Fleischfüllung besteht die Gewürzmischung übrigens aus anderen Zutaten, so viel verrät er noch. Zwiebeln, Fleisch, Karotten, etwas Weißkohl und Glasnudeln bilden hier die Basis für die Füllung. Auch der Teig wird von Duc und seiner Frau selbstgemacht. „Reismehl und nur ein bisschen Weizenmehl nehmen wir dafür. Am Abend vor dem Markt machen wir den Teig immer ganz frisch, er darf nicht zu dick, nicht zu dünn werden.“ Gebacken werden die Frühlingsrollen dann im Backofen. Ich dachte immer, in der Fritteuse, weil die meisten, die ich bis dahin kannte, oft viel zu fettig waren. Ducs Frühlingsrollen kommen nur ganz kurz am Anfang ins heiße Öl, „damit die Haut schön knusprig bleibt. Aber sie darf nicht hart werden oder sich mit Öl vollsaugen. Dann kommen sie den Rest der Zeit in den Backofen zum Garen“, erklärt er die besondere Zubereitung.

Und dabei ist diese Köstlichkeit auch noch so günstig, dass immer ein paar Cent für die süßen Sesambällchen oder die Glückskekse, die wie Tombolalose in einem Glas auf der Vitrine stehen, zum Nachtisch übrigbleiben. Es ist natürlich ein Fehler, als Kunde so etwas festzustellen, aber ich muss Duc mein Kompliment für das Preis-Leistungs-Verhältnis seiner Frühlingsrollen aussprechen. Er lacht. „Ja, ja, ich kann sie natürlich auch für einen Euro verkaufen, aber ich denke eben, so ist es auch okay. Es gibt verschiedene Leute, es sind nicht alle Leute wohlhabend, es gibt auch Leute, die nicht so viel haben oder mehr aufs Geld schauen müssen.“

Wenn ich mir vorstelle, dass Duc seit zwei Uhr in der Nacht auf den Beinen ist, dann fällt mir zu seinem strahlenden Gesicht, seiner guten Laune und seiner unangestrengt freundlichen Art nichts mehr ein. Nach einer halben Nacht am Herd und beim Anhänger-Einräumen steht er dann von früh morgens bis nachmittags auf dem Markt und bedient zuvorkommend seine Kunden. Dieses Potenzial an Freundlichkeit bekommen andere selbst dann nicht hin, wenn sie ausschlafen dürfen oder Urlaub haben.

In seiner höflichen und bescheidenen Art ist er niemand, der gern im Mittelpunkt steht. Humorvoll und zurückhaltend beantwort er all meine Fragen, verpackt dabei Frühlingsrolle um Frühlingsrolle oder Tofu, begrüßt nebenbei den Honigmann und die Bäckerfrau vom Stand nebenan und hört sich geduldig und interessiert die Kommentare und Gedanken seiner Kunden zum Lauf der Welt, dem Wetter oder den Kommunalwahlen an. Wie er sich denn hier in Offenbach so fühle nach all den Jahren, will ich von ihm wissen.

„Ich muss ehrlich sein", beginnt er zögernd, und ich frage mich, was jetzt wohl kommt. Doch die Denkpause galt wohl mehr der richtigen Wortwahl, kurz darauf kommt ein entschiedenes: „Ich fühle mich wohl hier. Wir sind sehr offen, meine beiden Töchter gehen hier zur Schule. Wenn du hier lebst, ist es wichtig, dass du auch offen bist, immer offenbleibst", antwortet Duc auf meine Frage. Für so einen Satz müssen einige Politiker Rhetorikseminare besuchen oder Geschäftsführer sich coachen lassen. Bei Duc kommt dieser Gedanke ehrlich und aus den Erfahrungen der vergangenen sechzehn Jahren heraus. Er wirkt zufrieden und glücklich hier an seinem Marktstand, mit seinem Leben in Offenbach, mit all dem, was er und seine Frau sich in den Jahren aufgebaut haben. Die erfolgreiche Existenzgründung und Unabhängigkeit zählt da ebenso dazu wie die handwerkliche Kunst, mit der er aus einem Mini-Anhänger einen so diffizilen Verkaufsstand zu konstruieren weiß.

Ursprünglich kommen er und seine Frau aus Vietnam. Geboren und aufgewachsen ist Duc in Südvietnam, nach Deutschland kam er 1985. „Mein Bruder ist als erster von unserer Familie nach Deutschland geflüchtet, er wurde von der Cap Anamur gerettet, ebenso wie meine Frau damals. Später hat mein Bruder dann unsere Familie nach und nach hier nach Deutschland holen können. Die Zustände waren sehr schwierig in Vietnam, keine Freiheit, keine Demokratie. Ich war da 17 oder 18 Jahre alt, hatte mein Abitur in Vietnam gemacht und grade begonnen, Architektur und Kunst zu studieren, aber nur ein knappes Jahr, dann bin ich nach Deutschland gekommen. Mein Abitur wurde hier nicht anerkannt, da hab ich zunächst zwei Jahre Schule wiederholt, bevor ich dann in Stuttgart Informatik studiert habe. Zuallererst hab ich aber Deutsch gelernt. Aber ich kann nicht so gut deutsch sprechen, nee. Meine Frau sagt, ich hab noch viel Akzent. Sie kann richtig gut Deutsch sprechen."

Am Donnerstag vor Ostern, am „außerordentlichen" Markttag mit Besucherrekordzahlen, treffe ich auch Ducs Frau am Stand an. Wenn sehr viel los ist, hilft sie, wenn möglich, immer mit. Im Gespräch erfahre ich noch einiges über ihren Weg nach Deutschland. Auch sie ist in den Achtzigerjahren aus Vietnam geflohen. Sie war gerade dreizehn Jahre alt, als sie mit den "Boatpeople" nach Deutschland kam und „bei Null angefangen" hat. „Wenn man Glück hat, dann wird man von einem großen Schiff bei der Flucht aufgefischt. Wir sind damals von der Cap Anamur aufgefischt worden. Viele andere sind aber auch ertrunken oder haben es nicht geschafft. Piraten haben andere Boote erwischt, bevor Rettung kam, haben die Flüchtlinge überfallen und erschlagen und dann einfach ins Meer geworfen. Kinder oder Mädchen wurden von ihnen zum Teil als Pros-

tituierte nach Thailand geliefert. Es war ja Krieg, und alle wollten nur weg von dort. Das waren ganz kleine Boote, Dutzende Menschen darauf, total überladen, weil so viele wie mögliche weg wollten, der Motor konnte das kaum schaffen', erinnert sie sich.

Seit über 24 Jahren lebt sie in Offenbach und Umgebung. Zunächst kam sie über eine Hilfsaktion nach Frankfurt, dann in eine Flüchtlingsunterkunft nach Dillenburg. Dort hat sie ihr Deutsch gelernt, das ihr Mann zu Recht lobt. 1987 kam sie dann über ihre Ausbildung nach Offenbach. Im Dentallabor Basquitt absolvierte sie eine Ausbildung zur Zahntechnikerin. Von ihrem damaligen Chef erhielt sie viel Unterstützung, hat ihm viel zu verdanken: „Herr Basquitt hat mir gerade in der schweren Anfangszeit sehr geholfen, hier in Offenbach bei der Wohnungssuche, beim Ausbildungsplatz. Mit seiner Hilfe habe ich es geschafft, auf eigenen Beinen zu stehen, schnell selbstständig zu werden."

Heute sind Duc und seine Frau einfach nur glücklich darüber, dass sie hier heil angekommen sind, sich begegnet sind und nach der nicht immer einfachen Anfangszeit eine gemeinsame Existenz aufbauen konnten. Diese Zufriedenheit kann man den beiden ansehen, wenn sie gemeinsam hinter dem Glückskeksglas stehen.
Seine Familie ist Duc das Wichtigste. „Wenn meine Kinder glücklich sind, dann sind meine Frau und ich auch glücklich. Mein großer Wunsch ist, dass sie die Schule gut schaffen, einen Beruf finden und es ihnen gut geht. Ich habe früher in einem Land gelebt, wo es sehr schwierig und hart war, es keine Freiheit gab. Ich musste viel arbeiten. Mein Vater musste viel arbeiten, um uns überhaupt auf die Schule schicken zu können oder das Studium zu ermöglichen. Das war schwer alles. Jeder von uns musste mitarbeiten, mehrere Jobs nebenbei machen, damit man als Familie überleben konnte. Ich hab viele verschiedene Sachen gelernt, viel gearbeitet, hab zum Beispiel als Goldschmied Schmuck gemacht und Bildhauerarbeiten, Figuren", erinnert sich Duc.

Die meisten Marktbesucher scheinen ihren Einkauf erledigt zu haben, langsam leert sich der Markt, und die Händler beginnen, ihr Sortiment in Kisten zu verstauen. Auch Duc räumt die ersten Sachen zusammen, klappt die Seitenflügel vom Anhänger ein und hängt die Seitenwände ab. Er und seine Frau hatten an diesem Gründonnerstag vor den Osterfeiertagen besonders viel zu tun. „Wir müssen an solchen Tagen noch früher aufstehen und mehr Frühlingsrollen machen", erzählt Duc. Ich frage, wie lange sie etwa brauchen, um so eine Frühlingsrolle zu rollen. „So in einer Stunde können wir ungefähr 200 Stück zusammen schaffen", sagt Duc und schaut zu seiner Frau. Die nickt bestätigend. „Ja, zusammen schaffen wir das", antwortet sie. Das glaub ich auf der Stelle, nehme meine Tüte mit Frühlingsrollen und Mungobohnensprossen und laufe in Richtung Fahrrad.

Offenbacher Wochenmarkt
Di, Fr & Sa
1. April – 30. September 7 – 14 Uhr
1. Oktober – 30. März 8 – 14 Uhr

Fast wie im Märchen

DAS ETWAS ANDERE CAFÉ IN DER OFFENBACHER INNENSTADT

Ein Freitagnachmittag Anfang April. Wochenende. Auf dem Heimweg vom Büro durch Büsingpark und Herrenstraße in Richtung Innenstadt werde ich aufgehalten.

In der Fußgängerzone, am Stadthof, entdecke ich an der Seitenmauer der alten Stadtkirche einige Tische und Stühle, die mir dort noch nie aufgefallen sind. Ein Teil der auf den Stühlen Sitzenden blickt gespannt nach oben – und ich schaue natürlich mit. Von einem Fenster im Kirchturm wird gerade ein Weidenkorb abgeseilt, langsam und vorsichtig wird er nach unten gelassen, wo ihn eine junge Frau an einem bemalten Stromkasten entgegennimmt.

Das Ganze ist keine Kunstperformance, keine Freilichtaufführung und auch nicht die Befreiungsaktion eines verirrten Kätzchens. Sondern ganz normaler Café-Alltag, erfahre ich, als ich neugierig an einem der Tische Platz nehme. Mit dem Weidenkorb werden Kaffee, Tee und Kuchen aus der Küche im zweiten Stock der Kirche nach unten transportiert.

„Kaffee?", fragt mich ein junger Mann freundlich und gießt duftenden Filterkaffee in die Tasse auf seinem Tablett. Milch und Zucker stehen auf dem Tisch bereit, daneben Blümchen in einer Vase. Der Weidenkorb macht sich erneut auf seinen Weg nach oben und kehrt bald mit Kuchen, Gabeln und Tellern beladen zurück.

„Kuchen?", fragt der nette Mitarbeiter nun, von Tisch zu Tisch gehend; offenbar wird nicht jedes Stück einzeln heruntergelassen, sondern der ganze Kuchen auf einmal.

In der Kirche nebenan läuft seit Wochen eine Ausstellung zum Thema „Integration – Porträts von OffenbacherInnen“, erfahre ich aus einem Flyer auf dem Tisch. Ich frage die Bedienung, ob man da heute einfach so reinschauen kann oder ob es bestimmte Öffnungszeiten gibt.

„Ich habe davon nur gehört. Bin Moslem und war daher noch nie länger drinnen, ehrlich gesagt, aber ich frag gleich mal nach in der Küche“, gibt er mir mit einem leicht verlegenen Lächeln zur Antwort. Soviel zum unangestrengten interkulturellen Zusammenleben in OF.

Rapunzel heißt dieses neue Café, das im Herbst 2010 erstmals seine Tische und Stühle vor die Kirche stellte. Wie italienische Eisdielen oder Schwimmbäder bleibt auch das Café über die Wintermonate geschlossen, und so wurde Anfang April passend mit Johann Sebastian Bachs „Kaffeekantate“ unter der Leitung von Dekanatskirchenmusiker Tobias Koriath die Wiedereröffnung zur neuen Saison gefeiert. Das außergewöhnliche Café gehört zum Angebot der offenen Stadtkirchenarbeit in Offenbach und soll ein Treffpunkt für alle in der Innenstadt sein. Jeder kann dort essen und trinken, ob arm oder reich. Die Gäste zahlen, was sie können, erklärt mir die Bedienung, als ich beim Zahlen eine verschlossene Spendenbüchse hingehalten bekomme. Wer nicht viel hat, gibt weniger, wer mehr zahlen kann, unterstützt damit das Projekt. Das hört sich ein bisschen nach Märchenwelt an, nach einer besseren Welt, denke ich beim Heimradeln und nehme mir vor, beim nächsten Einkaufsbummel in der Innenstadt wieder auf einen Kaffee vorbeizuschauen.

Im Märchen, das bei der Namensfindung Pate stand, beginnt die familiäre Katastrophe übrigens mit relativ harmlosem Salatdiebstahl. Rapunzels Mutter hat in ihrer Schwangerschaft unersättlichen Appetit auf Rapunzel, Feldsalat. Als ihr Mann den Salat zum wiederholten Male aus dem Garten einer Zauberin stehlen will, wird er von dieser ertappt und muss ihr zur Strafe sein Kind versprechen. Nach der Geburt holt sie sich das Baby, gibt ihm den Namen Rapunzel, und als das Mädchen zwölf Jahre ist, sperrt sie es in einen türlosen Turm. Die einzige Möglichkeit hineinzugelangen besteht darin, dass Rapunzel auf Zuruf ihr langes Haar vom Dachfenster herunterlässt, sodass die Zauberin daran hinaufklettern und sie mit Speisen versorgen kann. In Offenbach läuft der Essenstransfer umgekehrt und hat das Gegenteil zum Ziel. Während Rapunzel isoliert im Turm verköstigt wird, geht es hier im Märchen 2011 gerade darum, Isolation aufzubrechen und die Leute von zuhause nach „draußen" zu holen.

KAFFEE & KUNSTANSICHTEN

Bei einem meiner nächsten Cafébesuche bin ich mit Dekanin Eva Reiß verabredet. Sie hat das Ganze mit einiger Unterstützern ins Rollen gebracht, von ihr möchte ich mehr über diese ungewöhnliche Freiluft-Kaffeehauskultur erfahren.

Angefangen hat alles bei einer der von ihr organisierten Ausstellungen in der Stadtkirche. Da lernte sie bei einer Führung die Besucher der Diakonie-Teestube Offenbach näher kennen. „Die haben erzählt, dass sie am Wochenende oft nicht wissen, wohin, wo sich treffen, sie haben ja nur wenig Geld." Bei einem Treffen mit dem Diakonischen Werk, der Tafel Frankfurt und dem Starthaus, das innovative Projekte im Bereich Bildung und Arbeit in Offenbach begleitet, wurde gemeinsam überlegt, was man anbieten könnte. Schnell entstand die Idee eines Cafés, schnell war klar, „dass wir es draußen machen wollen, sichtbar und mitten im Leben, mitten in der Stadt, und dass es keine Schwellen in irgendeiner Weise geben soll", erklärt Eva Reiß.

Unklar und schwierig waren natürlich die Finanzierung und Organisation eines solchen Projekts im Gastrobereich. Vom Einkaufen der Stühle und Tische bis zum Antrag auf die Nutzung von öffentlichen Plätzen musste eine Menge organisiert und geklärt werden. Aber Eva Reiß scheint eine Anpackerin zu sein, sie hat gleich bei Netzwerken und Unterstützern angefragt und Ämter aufgesucht – praktisch, dass die meisten davon nur einen Katzensprung von der Kirche entfernt sind

Die Stadt Offenbach unterstützte das Projekt von Anfang an. Der Plan, das Café vor der Kirche einzurichten, wurde genehmigt, die Antragskosten und Gebühren für solche Gestattungen wurden dem sozialen Projekt von der Stadt erlassen – auch alles ein bisschen wie im Märchen. Nur so und mit viel Unterstützung und ehrenamtlichem Engagement wurde das Projekt überhaupt möglich.

„Die Zusammenarbeit mit der Stadt war sehr gut, unkompliziert und hilfsbereit. Ich bin da hin, und es gab viele offene Türen, alles lief ganz unbürokratisch", erzählt Eva Reiß. Langsam füllen sich während unseres Gesprächs die Tische und Stühle und Herr Elalmis und Frau Atig haben alle Hände voll zu tun. Am Nachbartisch nehmen vier Damen Platz, Stammgäste offenbar, sie kennen sowohl die Bedienung als auch einige der anderen Gäste.

Heute ist überhaupt viel los. In der ganzen Stadt, hier vor der Kirche und auch in ihrem Inneren. Eva Reiß hat ihre Kirche auch für die diesjährigen Offenbacher „Kunstansichten" geöffnet, als Ausstellungsraum für Offenbacher Kunstschaffende. Interessierte laufen mit den bunten Wegweisern durch die Stadt zu den einzelnen Kunst-Stationen, schauen in Ateliers und Ausstellungsräume hinein, lernen die Künstler kennen, die zu ihren Bildern und Objekten Rede und Antwort stehen. Die aktive Teilnahme an solchen Aktionen gehört für die Dekanin ebenso zur offen Stadtkirchenarbeit wie ihre Predigten in Offenbacher Museen, die wechselnden Ausstellungen und Gespräche in der Stadtkirche, theologische Führungen durch Bilderausstellungen oder auch Buchvorstellungen in der Stadtbibliothek.

„Wir gehen grad schnell zum Bäcker", ruft Frau Atig zu unserem Tisch herüber und macht sich mit Herrn Elalmis auf den Weg. Frau Reiß blickt ihnen lächelnd hinterher und erklärt: „Ohne Ehrenamt geht hier gar nichts. Zum Glück habe ich drei nette Menschen gefunden, die das hier in der Hauptsache ehrenamtlich machen. Frau Trabandt ist heute nicht hier, kümmert sich aber sonst um die Küche oben." Die drei halten Freitag bis Sonntag von 14 bis 18 Uhr den Betrieb am Laufen. Sie erledigen alles, vom Auf- und Abbau, der Bereitstellung von Kaffee und Kuchen über das Bedienen der Gäste bis hin zum Abwasch. Sie kommen selbst aus Integrationsmaßnamen oder gehören zu den Gästen der Teestube – und arbeiten über ihr eigentliches Arbeitspensum hinaus ehrenamtlich im Café mit.

Ohne Helfer, Unterstützer und Spender kann ein solches Café nicht überleben. Ohne gute Feen und Zauberer geht auch fast kein Märchen gut aus. Dass „Rapunzel" seinen Korb immer wieder gefüllt herunterlassen kann, wird erst durch das Engagement vieler Menschen, Betriebe, Parteien, Supermärkte oder Sparkassen aus Offenbach möglich. So stammt der leckere Kuchen heute von der Bäckerei Beck, die dem Café kurz vor Feierabend nicht verkaufte Kuchen und Stückchen spendet. Die Werbung samt der schön gestalteten Flyer und Tischkarten, das gesamte Rapunzel-CI/CD, wurde von der Künstlergruppe „Blaue Geranien" spendiert.

Das Café Rapunzel stellt in der offenen Stadtkirchenarbeit ein ganz besonderes Angebot dar. Es soll auch Menschen, die über wenig Einkommen verfügen, die zum Beispiel nur eine kleine Rente oder Harz IV beziehen, ermöglichen, sich bei Kaffee und Kuchen in der Innenstadt mit Freunden zu treffen, dort vielleicht jemanden kennenzulernen oder einfach nur beim Einkaufen oder Unterwegssein einen Tee im Schatten der Platanen zu trinken. Gerade am Wochenende gibt es nur wenige Angebote und Aktivitäten für Menschen, die nicht viel Geld haben. Armut ist eine von vielen Barrieren, die Menschen vom gesellschaftlichen Leben ausschließen. Beim Café Rapunzel geht es nicht um Betreuung, sondern um Teilhabe an der Gesellschaft.

„Es braucht solche Orte, und es muss immer wieder sichtbar gemacht werden, dass es hier einen Bedarf gibt in der Stadt, dass Menschen aus der Isolation zuhause rausgeholt werden. Soziale Armut und finanzielle Einschränkungen sieht man nicht immer", erklärt Eva Reiß ihre Arbeit. Das Café mitten in der Innenstadt soll ein Ort sein, der dies – in mehrfacher Hinsicht barrierefrei – ermöglicht: Man kann hier Gast sein ohne Angst vor Statusgrenzen, Eintritt, hohen Preisen, oder einer nonverbal geforderten Mindestabnahme pro Stunde. Das Café ist aber nicht nur als Angebot für sozial Schwächere gedacht. Jeder darf und soll kommen. Ziel ist es, das Nebeneinander von Parallelwelten und -gesellschaften in der Stadt aufzubrechen.

Die Gäste des Cafés kommen aus ganz unterschiedlichen Gründen: Einige haben davon gelesen, andere haben den Tipp von Freunden und Bekannten bekommen. Dazu kommt „Laufkundschaft"; viele entdecken das zentral gelegene Café zufällig, vom benachbarten Spielplatz aus oder bei einem Besuch im Bürgerbüro. Oder sie sind Neugierige, die wie ich zufällig die Weidenkorb-Nummer mitbekommen. Das Alter der Gäste ist gemischt und eher in der Lebensmitte angesiedelt, manchmal sind aber auch (Teil-) Familien mit Kindern anzutreffen, die zwischen Tisch und Spielplatz hin- und herpendeln. Spender, Personal und Gäste stammen aus verschiedenen Nationen und Religionen. Das spiegelt sich auch in den gespendeten Süßspeisen, die von leckerem Zitronen- oder Marmorkuchen bis hin zu türkischen Baklava oder Tulumba reichen.

An einem der wenigen noch freien Tische nehmen vier Männer Platz, die sich offenbar kennen, hier wohl regelmäßig treffen und gleich mit dem Erzählen beginnen. Nur einer hält manchmal ein kleines Transistorradio ans Ohr, wohl hoffend, dass die Kickers den Aufstieg doch noch irgendwie schaffen. Die vier sind eher untypische Gäste, machen doch Frauen mit 80 bis 90 Prozent den Großteil der Besucher aus. Vielleicht weil Armut eher weiblich ist, vielleicht weil Frauen eher Kaffee und Kommunikation miteinander verbinden, vielleicht aber auch, weil Männer andere Orte und Treffpunkte haben.

Eine Sache liegt der sympathischen, engagierten Chefin der 15 evangelischen Gemeinden in Offenbach auch noch am Herzen: „Wir kaufen nur fair gehandelten Kaffee, das find' ich ganz wichtig: aus dem Weltladen in Bürgel." Die Gäste im Rapunzel bekommen nicht irgendeinen billigen Kaffeeverschnitt aus Dumpinglohn-Arbeitsverhältnissen vorgesetzt. Das kann man auch schmecken. Ein Besuch dieses Cafés – und das sage ich als halbitalienische Espresso-Liebhaberin – lohnt sich auch von der Kaffeegenussseite her. Alle, die eine Abwechslung zum ewigen Latte macchiato erleben wollen oder im Angebot von Kaffeepad-Variationen und Sirupzusätzen von Karamell, Chili über Kokos bis Zimt ertrinken, alle, die keine Männer-Gespräche vor häuslichen Jura-, Saeco- oder DeLonghi-Kaffeevollautomaten mit beheizbaren Tassenabstellflächen, Keramikmahlwerken oder Rapid-Steam©-Schnelldampffunktionen mehr hören können, kurz: Alle, die einfach mal wieder Lust auf einen stinknormalen, guten, heiß überbrühten, schlicht nach Kaffee schmeckenden Filterkaffee wie bei Mama oder Oma haben – die kommen im Rapunzel voll auf ihre Kosten. Mit und ohne Nostalgie.

Zum Schluss darf ich noch mit nach oben in das Turmzimmer. Das sind jede Menge Stufen, die die Helfer da jedes Mal hoch und runter müssen, denke ich und stehe schon vor der nächsten Herausforderung: dem mit Geschirr gefüllten Weidenkorb. Frau Reiß macht den Anfang, zieht Arbeitshandschuhe an, denn „das kann auch mal schnell durch die Hand sausen und abrutschen", und beginnt mit dem Abseilen. „Ist richtig schwer", schnauft sie und reicht mir das Seil. Ja, das sieht wie vieles im Leben viel einfacher aus, als es ist, denke ich und lasse den Korb vorsichtig unten auf dem bemalten Stromhäuschen landen. Der Blick von hier oben auf die Innenstadt ist übrigens großartig, man kann aus dieser Rapunzel-Perspektive viel entdecken in der Stadt.

Wieder unten, mache ich vorm Heimradeln noch ein paar Fotos von den Gästen. Vom vergnügten Damentisch erfahre ich, wie man hierher gefunden hat. „Samstag ist unser Tag", postulieren sie stolz unisono. „Voriges Jahr hat uns eine Freundin so eine Werbepostkarte von hier gezeigt und seitdem treffen wir uns hier zum Erzählen nach dem Einkaufen in der Stadt. Wir sind fast von Anfang an dabei." Auch der Herrentisch ist angeregt im Gespräch vertieft, ein Foto bekomme ich netterweise aber dennoch geschenkt. „Das Café kommt in ein Buch?", fragt einer interessiert. „Gute Idee, das ist 'ne schöne Sache hier", kommentiert ein anderer Tischgenosse. Das Transistorradio liegt ausgeschaltet auf dem Tisch. „Leider verloren, 2:3 gegen Dresden", erfahre ich vom Radiobesitzer die weitere Entfernung der Kickers vom erhofften Aufstieg.

Viele der Gäste kommen aber alleine, leben meist auch alleine. Jetzt, wo das Café bereits so voll ist, setzen sich einige Gäste auch zu anderen dazu. Dass daraus das eine oder andere Gespräch, Begegnungen oder Bekanntschaften entstehen, wäre schön und fast ein bisschen wie im Märchen. Ein Paar mit dem bunten Wegweiser für die Kunstansichten fragt unsicher: „Gehört das hier auch dazu?" und erfährt von einem der Männer: „Die Kunst ist in der Kirche."

Zu Märchen gehören immer auch Wünsche. Ob es noch offene Wünsche für ihr Café gibt, will ich von Eva Reiß wissen. „Es wäre schön, wenn die Gäste noch mehr durchmischt wären, nach Herkunft, Schicht und so weiter", wünscht sich Eva Reiß und kann dabei doch bereits stolz auf ein gelungenes Projekt blicken.

Also: Alle, die mal wieder einen schönen Filterkaffee trinken möchten mit Kuchen dazu, können das mitten in der Fußgängerzone, schräg gegenüber von C&A und Rathaus, geschützt an der Seitenwand der Evangelischen Stadtkirche, im Café Rapunzel tun. Umgegeben von Platanen-Riesen, die angenehm für Schatten sorgen, kann man hier - ein bisschen wie auf einer italienischen Piazza - entspannt das Leben der Fußgängerzone an sich vorbeiziehen lassen, hört Glocken läuten, sieht Familien auf dem keinen Spielplatz haltmachen, Menschen im Bürgerbüro ein- und ausgehen.

Dass man dabei noch ein kleines bisschen zu einem besseren Miteinander in der Stadt und zum Aufweichen von Parallelgesellschaften beitragen kann, ist doch auch nicht schlecht. Rapunzel lässt seinen Korb für alle herunter.

Öffnungszeiten: April – Oktober
Fr – So 14 – 18 Uhr

1841

Kleider & Geschichten

ZU BESUCH BEI DER GRIECHISCHEN SCHNEIDERIN MIRSINI AM WILHELMSPLATZ

Im Spätsommer 2006 ging meine Lieblingsjeans kaputt. Ein L-förmiger Riss, jede Menge durchgewetzter Stoff, Fahrradkettenspuren und eigentlich ein hoffnungsloser Fall aus Sicht der Textilindustrie. Aber wie an gelesenen Büchern, Küchenutensilien meiner Eltern oder Urlaubssouvenirs hing ich an ihr, wollte mich absolut nicht von ihr trennen.

Beim Einkaufen in der Buchhandlung am Markt war mir die Schneiderei mit den vielen Grünpflanzen und der alten Pfaff-Nähmaschine im großen Schaufenster aufgefallen. An einem Spätsommertag betrete ich mit meiner Jeans und einem Sakko über dem Arm den Laden. Ein Glöckchen bimmelt ein paar Mal, und Mirsini Efthymiadis, die Schneiderin, schaut von ihrer Pfaff auf. Der Blick ist prüfend, leicht skeptisch, schließlich bin ich zum ersten Mal hier. Dann kommt sie zur Verkaufstheke. Während ich den Fall erkläre, schaut sie die Hose lange an, wendet den Stoff von innen nach außen und meint schließlich: „Kein Problem, geht noch, aber isse alt die Hose." Ich freue mich und erwidere: „Stimmt, im Alter fangen die Probleme an." Nach einer kurzen Pause lacht sie. Humor ist das Erste, was wir teilen.

Beim Abholen der reparierten Jeans schaue ich mich in der Flickschneiderei um. Bilder mit Offenbach-Motiven an den Wänden, viele Familienfotos, griechische Ikonen, die goldschwer neben dem großen Sparkassenjahreskalender glänzen. Im Arbeitsbereich vor dem Fenster Hunderte von Garn- und Zwirnrollen in alten Zigarrenkisten oder Keksdosen, Gurkengläser gefüllt mit Knöpfen, Stoffresten, Borten,

Spezialverschlüssen, Nieten oder Häkchen. An der Seite zwei Bügelbretter. Im hinteren Teil des Ladens eine Kabine für Anproben, mehrere Kleiderständer und ein Räumchen mit Tisch und Sofa, im Halbdunkel kaum zu erkennen.

„Heute zum ersten Mal hier?", fragt sie. Ja, erst vor Kurzem nach Offenbach gezogen, erkläre ich und muss dennoch keine Vorkasse leisten. „Offenbach ist auch schön", erklärt mir die Schneiderin mit Blick aus dem Schaufenster.

Mit diesem Tag wurde die kleine Flickschneiderei zu einem meiner besonderen Orte hier. In den nächsten Jahren lernte ich Mirsini und ihre Welt im kleinen Laden am Wilhelmsplatz kennen und schätzen. Nicht nur wegen der Rettung liebgewonnener Kleidungsstücke. Auch unseren Austausch über Kleider, Menschen, das Leben, Offenbach und alles mögliche andere wollte ich bald nicht mehr missen. Hier ein kleiner Ausschnitt aus meinem Besuchertagebuch in der besonderen Flickschneiderei.

SEPTEMBER

Es ist Markttag. Die Tür steht offen, draußen hat der Spätsommer noch mal 25 Grad erreicht. Das war schon auf dem Markt Thema, hier ist es genauso. „Erst zu viel kalt, dann zu schnell heiß", erklärt eine ältere Dame mit griechischem Akzent. Im Geschäft sitzen zwei weitere ältere Griechinnen, Einkaufstauschen mit Gemüse und Obst vom Wochenmarkt neben sich auf dem Boden. Sie gehören zu den Bekannten, Weggefährten und Familienmitgliedern, die immer mal reinschauen, wenn sie hier in der Innenstadt einkaufen gehen, beim Arzt waren oder auf den Bus an der Haltestelle gegenüber warten. Der Laden ist ein kleiner Treffpunkt geworden in all den Jahren, vor allem am frühen Vormittag oder kurz vor Feierabend. Schade, dass ich außer kalimera und efcharisto kein einziges Wort Griechisch verstehe. Mirsini grüßt mich lächelnd und läuft auch schon in Richtung Kleiderständer, um meine Sachen zu holen. Die Frau geht, ein Ehepaar kommt. Stammkunden, der Mann verschwindet nach kurzem Hallo ungefragt in der Umkleidekabine, seine Frau nimmt auf einem der Stühle am Seitentisch Platz.

ENDE OKTOBER

Ein ruhiger, verschlafener Herbsttag in der Innenstadt. Der einzige Lärm kommt von Laubsaugern, die über den Wilhelmsplatz und die Gehwege knattern. Beim Schließen der Tür entdecke ich einen kleinen Jungen hinter der Theke, der Knöpfe sortiert und dann einen davon an ein Hemd näht. „Isse mein Enkel, hat Ferien und hilft mir ein bisschen", erklärt Mirsini und nimmt ihm die Nadel aus der Hand, um ihm das Knopfannähen zu zeigen. Der Kleine erobert derweil den Sitzplatz an der alten Pfaff und schaut den Ausführungen seiner Großmutter zu. Ich hole meine kaputte Cordjacke aus dem Rucksack. Mirsini betrachtet den Riss entlang der Tasche, kritisch und konzentriert wie ein Arzt oder Antiquitätensammler. „Machen wir gleich, wenn du Zeit hast", sagt sie, und ich setzte mich auf den Stuhl an der Seite. Ein Taxi hält vor dem Laden. Der Fahrer bringt eine Lederjacke zum Reparieren rein. Die beiden kennen sich gut. Mirsini lässt sich kurz den kaputten Reisverschluss zeigen, sagt „morgen Mittag", und schon ist das Taxi weder weg. „Isse schon lange Kunde. Kommt immer mit die Taxi", erfahre ich und dass die Jacke schon über zehn Jahre hält, weil sie sie immer wieder in Ordnung bringt. Bewundernswert auch, wie Mirsini mit drei, vier gekonnten Handgriffen meine Cordjacke wieder auf Vordermann bringt.

ANFANG DEZEMBER

Im Laden ist unglaublich viel los. Überall auf der Theke liegen Kleider, Mäntel, Stricksachen, Sakkos oder Wollröcke. Wegen Weihnachten, aber auch wegen der Jahreszeit, erklärt mir Mirsini, als ich sie auf die Kleiderberge anspreche. „Viele Leute abgenommen, andere zugenommen, viele neue Sachen wegen Festtage, viel Arbeit", fasst sie es zusammen. Sie mag ihre Arbeit über alles, den Betrieb im Laden, das Kommen und Gehen von Menschen, von Geschichten, von kleinen und größeren Neuigkeiten, die jeder Kunde neben den Kleidern mitbringt. Ich habe Mirsini vom Markt eine Orange mitgebracht. Während sie sie schält und isst, kommt ihre Schwester vorbei. Sie schaut wöchentlich rein, wenn sie Zeit hat. Die Schwester berichtet von günstigen Tischdecken, eine davon hat sie grade in der Innenstadt erstanden und zeigt sie uns. Klar, dass Mirsini den Preis zwar lobt, aber nicht umhin kann, eine Ungenauigkeit an der Naht zu bemerken.

KURZ VOR WEIHNACHTEN

Auf dem Weg zur Arbeit ganz früh am Morgen. Beim Anschließen des Rads sehe ich, wie jemand mit einem Teetablett die Flickschneiderei betritt und kurz darauf wieder rauskommt. Drinnen steht das noch dampfende Teeglas neben der Pfaff. „Bringt mir jeden Tag zweimal Tee vorbei. Am Morgen und am Nachmittag. Isse gute

2010

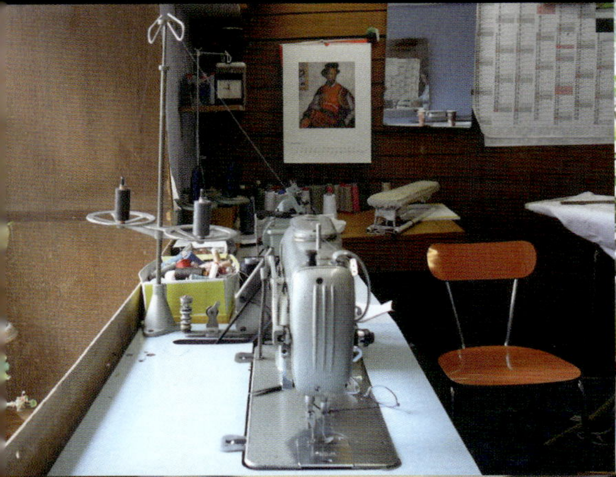

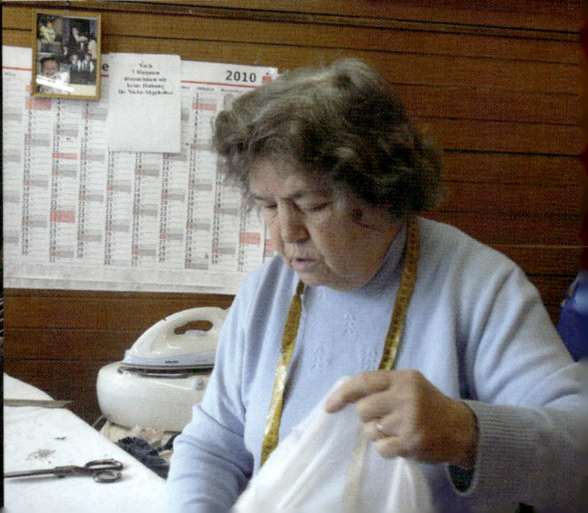
2010

Nachbarn, der türkische Frisörsalon“, erklärt mir Mirsini und nimmt einen Schluck vom Tee. Noch zwei Tage, dann hat die Flickschneiderei über die Feiertage und bis zum neuen Jahr geschlossen.

JANUAR

Eigentlich nur ein Kurzbesuch zum Neujahrsgruß. Aber im Laden ist nicht viel los, draußen liegt ein halber Meter Neuschnee, und ich habe Urlaub. Ich hole zwei Milchkaffee in der Nachbarschaft, und wir reden über alles Mögliche. Weihnachten hat sie mit ihrer Familie verbracht, in der griechischen Gemeinde wie immer am Gottesdienst teilgenommen. Auf der Theke liegt ein schillerndes Kleid, feierlich und pompös. „Hochzeit im Winter?“, frage ich. Mirsini erzählt die Geschichte dazu. Die Kundin war am Vortag zur Anprobe da. Obwohl Mirsini ihr gesagt hatte, sie solle auch die Schuhe mitbringen, die sie zum Kleid tragen werde, meinte die junge Frau, es ginge auch so. Heute stand sie wieder im Laden, diesmal mit den Schuhen in der Hand. „Aber kommt heute früh und will in Mittagspause Kleid wieder holen“, erzählt Mirsini, leicht empört über das, was Kunden von ihr manchmal erwarten - aber auch meist erfüllt bekommen. „Aber musse freundlich sein“, erklärt sie. Wie auf Zuruf schaut kurz darauf ein höflicher Mann, der wie ein Anwalt oder Politiker aussieht, in den Laden rein, legt seine an der Naht kaum erkennbar eingerissene Steppjacke auf die Theke, bedankt sich höflich und ist auch schon wieder verschwunden.

FEBRUAR

Wieder einmal bringe ich meine Lieblingsjeans vorbei. Mirsini nimmt den Notfall schmunzelnd entgegen und erzählt von einer Feier in der griechischen Gemeinde, während sie einen extravaganten Strickpullover an Armen und Bund kürzt, was sehr kompliziert aussieht. Während Mirsini an der Pfaff näht, stelle ich ihr ein paar Fragen zu ihrem Leben. Wie sie zu Nadel und Zwirn kam, will ich wissen. „Meine Mutti war Schneiderin, meine Schwester auch. Ich war Strickmaschinenarbeiterin, aber ich habe von meiner Mutter und meiner Schwester auch das hier alles gelernt.“ Seit Jahrzehnten ist sie nun schon hier am Wilhelmsplatz. Davor hatte sie eine Flickschneiderei in der Sprendlinger Landstraße.

„Bin ich in den Sechzigern zum ersten Mal nach Deutschland gekommen und 2011 bin ich immer noch hier. Wer hat damals gedacht, dass wir so lange bleiben werden“, sagt sie amüsiert, aber auch leicht gerührt. Sie kam im August 1962 nach Deutschland, zusammen mit ihrem Mann. Zunächst lebten sie in Herne in Westfalen, ihr Mann hatte dort Arbeit in einer Zeche, später in einer Baufirma. Die erste Tochter wurde geboren. 1966 zogen sie dann nach Offenbach, eine weitere Tochter und ein Sohn kamen hier zur Welt. Ihr Mann ist vor einigen Jahren gestorben, aber ein Teil ihrer Kinder, Enkelkinder und Geschwister lebt in Offenbach und Umgebung. Und ein paar Mal im Jahr packt sie ihre Reisetasche und fährt in die alte Heimat.

MAI

Die Eingangstür zur Flickschneiderei ist offen, als ich auf dem Weg zur Arbeit vorbeikomme. Es ist Markttag und der Laden nach der Urlaubszeit voll. Abholer, ältere Griechinnen und eine Frau im schwarzen Abendkleid, das Mirsini gerade unter den bewundernden Blicken der anderen absteckt. Mirsini ist noch nicht lange aus dem Urlaub in der Heimat zurück. Um den Hals trägt sie wie immer ihr gelbes Maßband, ihre Hornbrille steckt im Haar, wie immer, wenn sie nicht am Nähen ist. Ich kann mir nicht vorstellen, dass sie irgendwann in Rente gehen könnte, einmal nicht mehr hinter der alten Pfaff am Fenster sitzen und auf den Markt schauen wird.

OKTOBER

Ich stehe vor einem der Kleiderständer an der Seite. „Ganz schön voll, viel Arbeit für Sie", sage ich. „Diese hier nicht", sagt Mirsini und blickt von der Pfaff auf. „Alles, alles Kleider, die von Leuten nicht abgeholt wurden." Sie nimmt ihre Brille ab und steckt sie ins Haar. Es sind bestimmt über fünfzig Teile, die da dicht gedrängt hängen, an einigen Zettel, an den meisten nicht, weil Mirsini ihre Kunden und deren Kleider so gut kennt wie ihren eigenen Kleiderschrank. Jacken, Mäntel, Hosen und Röcke, aber auch ein Tanzkleid und Abendgarderobe. Stücke, die man nicht mal einfach so vergisst.
„Was machen Sie mit all den Sachen? Wie lange warten Sie auf die Abholung?", frage ich und bemerke zum ersten Mal nach all den Jahren den kleinen rot-goldenen Metallaufkleber an ihrer Pfaff. Der heilige Christophorus. Während sie zu mir kommt, deutet sie auf einen handgeschriebenen Aushang: Nach drei Monaten läuft die Frist zur Abholung ab.
„Aber warum holen die Leute ihre Sachen nicht ab?", frage ich nach. „Kein Mensch macht sich die Mühe, etwas zur Schneiderin zu bringen, wenn es ihm eigentlich egal ist." Mirsini nickt nachdenklich. Aber das bedeutet nicht zwangsläufig, dass sie mir

auch Recht gibt. Sie streift mit der Hand an den Kleidern entlang und hält bei einzelnen Stücken an.
„Dieses hier ist seit fast drei Jahren hier", beginnt sie und hält einen Blazer hoch. Der Mann war zu Besuch bei seiner Schwester in Offenbach, die Jacke riss beim Marktbesuch ein und wurde direkt zu ihr herübergebracht. Montags vor seiner Abreise habe er sie abholen wollen, sei aber nie gekommen. Auch seine Schwester nicht. „Vielleicht Streit oder muss schnell zum Flughafen, keine Zeit mehr", rätselt sie rückblickend. Und erklärt, dass vielleicht ja mal ein Kunde kommt, dem die Jacke zufällig passt.
Mirsini stoppt an einem modernen Wickelkleid und einer schwarzen, feinen Hose. „Diese Frau ist gestorben, leider, leider. Sie hat immer mehr abgenommen, ganz schmal geworden. Habe ich viele Kleider und Hosen enger gemacht. Später auch Wintermantel noch enger gemacht, Schulter schmaler."
Wie lange bringt man Kleider zur Schneiderin, wenn man weiß, dass man schwer krank ist, nicht mehr lange zu leben hat? Welche Gefühle, Hoffnungen verbindet man damit? „Gute, liebe Kundin, immer freundlich zu mir. War hübsche Frau, wie eine Schauspielerin."
Daneben eine edelsportliche Lederjacke mit Fellkragen. Sieht teuer aus, eine Jacke, wie Männer von Welt mit graumelierten Haaren sie in der Werbung für teure Uhren tragen. Die Geschichte dazu ist profan. „Der Mann von diese Jacke sitzt im Gefängnis", berichtet Mirsini und hält cliffhängermäßig inne. „Wollte in Urlaub fahren, wurde an Grenze gestoppt, Probleme, durfte nicht mehr zurück", fasst sie den Krimi kurz zusammen.
„12. 05. 2008" steht auf dem nächsten Zettel. Ein Festkleid. „Diese hier ist von eine griechischen Mädchen. Hat sie auf einer Hochzeit getragen, Blumen geworfen. Ich sollte kürzer machen. sse nie mehr wieder gekommen, auch nie mehr gesehen in griechischen Gemeinde. Vielleicht weggezogen." Dann streift Mirsinis Hand über mehrere, ganz unterschiedliche Hosen und kommentiert: „Laufkundschaft, diese oft von Laufkundschaft. Bringen Hosen zum Flicken oder mit kaputten Reißverschluss, aber holen nicht mehr ab."
Am Ende der Stange hängen drei Kleider und ein Zettel von 2009. Scheidungskleider, wie ich von Mirsini erfahre. „Eine Frau hat seine Mann und kurz darauf Offenbach verlassen. Noch nicht mal Zeit gehabt, Kleider zu holen hier, musste schnell, schnell gehen", kommentiert sie das Drama.

JUNI

Irgendwann war meine alte Lieblingsjeans nicht mehr zu retten. Und eines Tages, irgendwann im Sommer, hing in Mirsinis Flickschneiderei ein DIN-A4-Zettel an der Wand, stand im Schaufenster ein goldgerahmtes Schild:

Liebe Kunden, ich bitte Sie ihre Kleidungsstücke bald abzuholen, im Alter von 76 werde ich am 30. Juli 2011 schließen.
Ihre Schneiderin

Mirsini hatte in den vergangenen Jahren schon oft darüber gesprochen, es dann aber glücklicherweise immer wieder aufgeschoben. Diesen Sommer macht sie ernst, packt ihre Stoffreste, Garnrollen und Nadeln, Kleider, Knopfgläser und all die hundert dazugehörigen Geschichten in Umzugskartons und räumt die Flickschneiderei.

Bei meinen letzten Besuchen ist spürbar, dass ihr das nicht leicht fällt. Wehmut kommt zwischen den Worten zum Vorschein, auch wenn sie das hinter ihrer liebenswerten, etwas rauen Schale versteckt. Über ein halbes Jahrhundert lebt sie jetzt hier. Hat von der Nähmaschine aus auf den Markt, die Straße und die Welt geschaut. Der Laden war nicht nur für sie ein wichtiger Ort. Für viele Menschen in Offenbach war die Flickschneiderei über viele Jahre eine kleine Insel zum Treffen, Pausemachen und Sich-Austauschen.

Vorletzte Woche haben die Umbauten im Laden begonnen. Vielleicht kommt ein Frisörladen hinein, ganz sicher ist das noch nicht, höre ich von ihr. Eines ist aber sicher: Mirsini ist ohne ihre alte Pfaff so undenkbar wie Pelé ohne Ball oder Marguerite Duras ohne Schreibmaschine. Deshalb wird sie auch nicht ganz und gar aufhören mit dem Kürzen und Ausbessern. Ein paar langjährige Kunden dürfen ihre Kleider und Geschichten auch weiterhin zu ihr bringen.

Mirsini wird wie viele aus ihrer Generation von GastarbeiterInnen auch im Alter in Deutschland bleiben, wegen ihrer Kinder und Enkelkinder und weil Offenbach längst zur zweiten Heimat geworden ist. Von Zeit zu Zeit werde auch ich mal bei ihr zuhause vorbeiradeln, um Kleider und die eine oder andere Geschichte vorbeizubringen. Efcharisto für die letzten Jahre Flickschneiderei und diesen besonderen Laden am Wilhelmsplatz, liebe Mirsini!

Kathedralenlicht & Hochprozentiges

BESUCH IN DER BUNDESMONOPOLVERWALTUNG FÜR BRANNTWEIN IN OFFENBACH

Mit dem Auto oder Fahrrad kann man tausendmal an diesem etwas nach hinten versetzten Prachtbau vorbeifahren, diese Fünfzigerjahre-Schönheit im Friedrichsring links liegenlassen, ohne sie zu sehen. Zum ersten Mal aufgefallen ist mir die Bundesmonopolverwaltung für Branntwein, kurz BfB genannt, bei einem Spaziergang vom Landgrafenring zu meiner Lieblingspizzeria in der Nähe des Klinikums.

Noch nicht allzu hungrig, schaute ich mich hinter der Albert-Schweitzer-Schule noch ein bisschen um; ging Kieswege entlang, die vom Fußweg abzweigten, schlenderte über verlassene Parkplätze und Rasenflächen. Irgendwann entdeckte ich dann vor einer Hauswand den schwarzen Bundesadler auf goldgelbem Grund. Dahinter verbirgt sich eines der schönsten Gebäude Offenbachs mit seiner spannenden Geschichte.

Ein paar Wochen später bin ich zum Friedrichsring geradelt, um das Gebäude auch von innen kennenzulernen, die verheißungsvolle Glasfassade im Gegenlicht strahlen zu sehen, zu erkunden, was sich hinter den vielen Fenstern verbirgt, und etwas über den Ursprung dieser Architektur zu erfahren. Dazu habe ich meinen ganzen Mut zusammengenommen, denn einfach mal so in eine Bundesoberbehörde im Geschäftsbereich des Bundesministeriums der Finanzen reinzuschauen, erschien mir ziemlich verwegen. Als ich dann aber beim Pförtner vorsichtig anfrage, ist alles ganz unkompliziert. Ich darf mir die Eingangshalle in aller Ruhe anschauen und sogar Fotos machen.

Betritt man – durch Fünzigerjahre-Glastüren mit nierenförmigen Griffen – die Eingangshalle zum ersten Mal, dann überfällt einen die atemberaubende Schönheit des in buntes Licht eingetauchten Raums. Eines Raums, der eine Halle ist, ein halbes Fußballstadion, eine Kathedrale. Er nimmt die gesamte Höhe des Gebäudes ein; zu den vier Galerien mit ihren Büro-, Labor- und Sitzungsräumen führt eine breite Wendeltreppe. Das alles hat etwas Erhabenes, Großzügiges, dem rein Funktionalen Enthobenes. In diesem Vestibül hätte man unschwer Dutzende von Büros unterbringen können. Stattdessen hat man einen Lichtraum geschaffen: offen, weit, mit Perspektiven, Fluchten und Höhen. Einen meditativen Raum, in dem Stille herrscht – vom Straßenlärm, der manchmal zwischen Waldstraße und Friedrichsring tobt, ist nichts zu hören. Hier könnten gut Cellokonzerte, Theateraufführungen, Filmvorführungen, Tai-Chi-Kurse für Mitarbeiter, Lesungen und Preisverleihungen stattfinden, denke ich, während der Pförtner jeden einzelnen Mitarbeiter beim Verlassen des Gebäudes freundlich mit Namen in den Feierabend verabschiedet. Die warme, besondere Atmosphäre hier wirkt sich offenbar auch positiv auf das Miteinander aus. Der Raum ist in ein unglaubliches Licht getaucht – weich, verspielt, vielfarbig, dabei dennoch Klarheit und Ruhe ausstrahlend. Besonders wenn, wie bei meinem ersten Besuch, eine intensive Nachmittagssonne durch das gigantische Glasfenster fällt und den Raum mit allen seinen Gegenständen und Menschen in einen unwirklichen, vielfarbigen Lichtsee taucht.

Wer um alles in der Welt kam Anfang der Fünfzigerjahre auf die Idee, so eine Licht- und Farbkathedrale für eine Bundesoberbehörde zu bauen, frage ich mich beim Durchqueren der Halle, während ich an Vitrinen mit Ausstellungsstücken zur Geschichte der Destillation vorbeikomme.

Was ich später im Gespräch erfahren werde, nehme ich hier schon mal vorweg: Das Gebäude entstand 1953/54 nach den Entwürfen des damaligen Stadtbaurats Adolf Bayers auf einem von der Stadt Offenbach kostenfrei zur Verfügung gestellten Gelände. Dort befand sich zuvor die Friedrichsschule, die im Zweiten Weltkrieg bei der Bombardierung Offenbachs zerstört wurde. Der Sandsteinsockel der Schulruine wurde damals in den Neubau integriert. Die Branntwein-Monopolverwaltung war nicht die einzige Bundesbehörde, die nach dem Krieg in Offenbach entstand. Fast zeitgleich siedelte sich auch der Deutsche Wetterdienst hier an.

Die eindrucksvolle Glaskunstfassade aus echtem Kathedralenglas wurde von Hans Leistikow gestaltet, der in Frankfurt und Umgebung an vielen spannenden Architekturprojekten mitwirkte. Seine Werke sind von der abstrakten Malerei inspiriert. Der 1880 geboren Grafiker gehörte ab 1925 zur Gruppe um den Architekten Ernst May, der in Frankfurt als Siedlungsdezernent modernen, bezahlbaren Wohnungsbau mit sozialen Grundbedürfnissen verband. Leistikow leitete das grafische Büro der Stadt Frankfurt. Dort entwickelte er unter anderem für das Hochbauamt ein Farbkonzept für die neu entstehende Siedlung in Praunheim. Ebenfalls in dieser Zeit entstand sein Entwurf des Frankfurter Adlers, der als Stadtwappen von den 1920er-Jahren bis 1936 offiziell verwendet wurde, aber nie unumstritten war. Im Gegensatz zum alten, im Jahr 1841 von dem Bildhauer Eduard Schmidt von der Launitz entworfenen Stadtwappen stellt Leistikows Arbeit eine radikal vereinfachte, expressionistische Interpretation des Adlers dar, die der damaligen Bevölkerung Frankfurts und einigen Politikern eher missfiel. 1936 wurde das alte Wappen wieder eingeführt. Der Leistikow-Adler wird heute nur noch in Einzelfällen verwendet, zum Beispiel auf der Ehrenplakette der Stadt Frankfurt oder auf der Fahne des Instituts für Stadtgeschichte. Mir persönlich gefällt der moderne, asymmetrische Leistikow-Adler sehr gut. Er hat nichts Kämpferisches und erinnert – vor allem, was seine Krallen betrifft – ein bisschen an Playmobilfiguren.

Leistikow blieb anders als viele seiner Kollegen 1933 in Deutschland. 1948 gehörte er zu den Mitbegründern der sogenannten „Kasseler Schule“. Er wurde Leiter der Grafikklasse der Kunstakademie in Kassel. In den Fünfzigerjahren schuf er in Frankfurt unter anderem die Glasfenster des Doms sowie Fenster und Kuppel der Synagoge. Leistikow starb 1962.

Einige Wochen nach meinem ersten Besuch stehe ich wieder am Pförtnerhäuschen. Erstens, weil ich mit Herrn Metzen vom BfB zum Gespräch verabredet bin. Zweitens, weil ich dummerweise den Schlüssel fürs Fahrradschloss zuhause vergessen habe. Nach kurzem Erklären darf ich das Rad beim freundlichen Pförtner abstellen, und bald darauf sitze ich auch schon im Büro von Herrn Metzen und tauche ein in das Universum, die Historie und den Arbeitsalltag hinter der wunderbaren Glasfassade. Er ist seit rund 20 Jahren für die BfB in leitender Position tätig und kann mir ohne Spickzettel unglaublich viel über die Geschichte, die Aufgaben und die Entwicklung der BfB erzählen. Wo man hier ist, erkennt man schnell bei einem Streifblick durch das Büro. Der Bundesadler neben der Tür, die Deutschlandflagge auf dem Schreibtisch, daneben eine Flasche mit Weizenkornhalm und Korkverschluss, in einer anderen Flasche ist eine Art Messgerät verschlossen. Kleine Miniatur-BfB-LKWs mit Transportsilos parken auf einem Seitentisch. Es geht um Hochprozentiges. Und um Naturprodukte. Korn. Weizen. Obst und Kartoffeln.

Seit mehr als 80 Jahren besteht die heutige Institution. Kaiser Wilhelm II unterzeichnete 1918 das erste deutsche Branntweinmonopolgesetz; von 1919 bis 1945 war die Reichsmonopolverwaltung in Berlin angesiedelt. Ziele waren unter anderem die kontrollierte Herstellung und der Vertrieb von Branntwein, um gesundheitliche Gefahren von der Bevölkerung abzuhalten und Missbrauch vorzubeugen. Daneben führte auch die „schwierige Kassenlage des Deutschen Reichs zu Gesetzesänderungen, die eine Erhöhnung der Monopoleinnahmen ermöglichten", erläutert Herr Metzen. Nach 1945 war die Verwaltung des staatlichen Alkoholmonopols zunächst noch Ländersache, bis durch Gesetz vom 8. August 1951 die BfB mit Sitz im Rhein-Main-Gebiet neu gegründet wurde. Der Kabinettsbeschluss der damaligen Bundesregierung zugunsten des Standorts Offenbach ist auch der Tatsache zu verdanken, dass die Stadt kostenlos ein geeignetes Grundstück zur Verfügung stellte. Zuvor hatte die Monopolverwaltung für kurze Zeit ihren Standort in Bad Homburg. 1953 wurde der Neubau auf der Schulruine am Friedrichsring 35 errichtet, im April 1954 das neue Dienstgebäude eingeweiht, berichtet Herr Metzen von den Anfängen seiner Behörde.

Zu den Aufgaben der BfB gehört die „Übernahme des im gesamten Bundesgebiet in kleinen und mittelständischen Brennereien aus landwirtschaftlichen Rohstoffen hergestellten Rohalkohols sowie dessen Reinigung und anschließender Verkauf". Die Übernahme des Rohalkohols erfolgt zu jährlich mit den Brennereiverbänden festgelegten und an den Erzeugerkosten orientierten Garantiepreisen. Die Jahresproduktion beträgt zurzeit rund 540.000 Hektoliter reinen Alkohols, was etwa einem Prozent der EU-weiten Produktion entspricht.

Der Rohalkohol wird in den Betrieben der BfB gereinigt, den lebensmittel- und arzneirechtlichen Vorschriften entsprechend aufbereitet und an die Hersteller von Endprodukten vermarktet.

Rohalkohol hat eine „Alkoholgrädigkeit", also einen Alkoholgehalt von etwa 83 bis 87 %, erfahre ich von Herrn Metzen, und kann aufgrund seiner Verunreinigungen so noch nicht konsumiert werden. Durch den Reinigungsprozess werden schädliche Nebenbestandteile wie etwa Hefe, Maischereste und Schwebestoffe entfernt und eine höhere Grädigkeit und Qualität erreicht, sodass als Endprodukt 96-prozentiger Neutralalkohol entsteht; die restlichen 4 % sind Wasser. Nebenbei lerne ich noch, woher das umgangssprachliche Wort „Fusel" kommt: Fuselöle gehören zu den schädlichen Nebenbestandteilen im Rohalkohol, die durch Rektifikationsprozesse entfernt werden. Einige dieser sogenannten Abfallprodukte begegnen uns Verbrauchern in Form von Frostschutzmittel, Scheibenreiniger oder Brennspiritus wieder.

Herr Metzen muss wohl ab und zu das Fragezeichen in meinem Gesicht aufgefallen sein. Mit einem „Fragen sie, wenn was unklar ist" ermuntert er mich – nicht zum letzten Mal an diesem Nachmittag – in seiner freundlichen und ruhigen Art zum Nachhaken. Beim Weiterfragen erfahre ich Einzelheiten über so spannende Dinge wie Gegenstromdestillation – das genau genommen versteckt sich nämlich hinter dem Begriff der Rektifikation und meint ein Verfahren zum Auftrennen eines Vielstoffgemisches. Durch solche thermischen Trennverfahren werden die unerwünschten Schwebestoffe oder Nebenstoffe im Rohalkohol entnommen. Wieder was dazugelernt.

KOSCHERER ALKOHOL, STOFFBESITZER UND SCHWARZBRENNER

Zu den Kunden der BfB gehören zahllose Apotheken, aber auch namhafte Hersteller aus der Spirituosen- und Pharmaindustrie sowie der Kosmetikproduktion. „Von den ganz Großen bis zu den ganz Kleinen sozusagen. Hier in Südhessen gibt es beispielsweise einen 1-2-Mann-Betrieb, der Naturkosmetik herstellt und bei uns einkauft. Wir beliefern derzeit insgesamt rund 2.400 Kunden", fasst es Herr Metzen zusammen. Dabei erfahre ich noch von einem ganz besonderen Angebot für Kunden der BfB: koscherer Alkohol. Seit mehreren Jahren beliefert die BfB die Spirituosen- und Aromenindustrie mit koscherem Neutralalkohol. Für ihre Produktionsbetriebe in München und der Lutherstadt Wittenberg besitzt die Behörde dafür ein Koscher-Zertifikat. Darin wird bestätigt, dass „der dort hergestellte Neutralalkohol nach jüdischem Religionsgesetz und den Vorgaben der jüdischen Speisegesetze als Nah-

rungs- und Genussmittel erlaubt ist". Diese zertifizierten Produktionsbetriebe stehen unter der ständigen Aufsicht eines Rabbiners. Bei der Weiterverarbeitung des so klassifizierten Alkohols muss eine Liste aller Zutaten und Lieferanten dokumentiert werden, auch die jeweiligen Zutaten müssen dann ein Koscher-Zertifikat aufweisen. Der koschere Alkohol, der aufgrund seiner aufwendigeren Produktionsumstände teurer ist als der normale Rohalkohol, „geht meist an nationale Abnehmer, die dann ein Endprodukt herstellen, das den jüdischen Speisegesetzen entspricht", erklärt Herr Metzen. Dabei handelt es sich meist um Wodka, der vor allem in die USA oder direkt nach Israel exportiert wird.

„Neben der Vermarktung von Rohalkohol obliegen der BfB auch hoheitliche Fachaufgaben", heißt es im Info-Flyer der Behörde. Damit ist etwa die Prüfung und Beglaubigung von Messgeräten für die steuerrechtliche Erfassung gemeint, aber auch die Begutachtung und Beratung von Verschlussbrennereien oder die Überwachung und Kontrolle der Alkoholherstellung im gesamten Bundesgebiet. Sie richtet sich gegen sogenannte „Schwarzbrenner". Wenn man bedenkt, dass der Regelsteuersatz bezogen auf 100 Liter Alkohol mit einer Grädigkeit von 96 % bei 1.303 Euro liegt, dann versteht man schnell, dass dies zu Missbrauch und Steuerhinterziehung verführen kann. Um eben diesem Missbrauch vorzubeugen, werden die landwirtschaftlichen Verschlussbrennereien durch das Hauptzollamt kontrolliert.

Verschlussbrennereien, erklärt mir Herr Metzen, sind Brennereien, die zollamtlich gesichert, also „verschlossen" sind. In diesen kann aufgrund der verplombten Sammelgefäße nie ohne die Mitwirkung der Zollverwaltung über den Alkohol verfügt werden. Aktuell gibt es etwa rund 620 kleine und mittelständische landwirtschaftliche sowie acht Obstgemeinschaftsbrennereien, die als Verschlussbrennereien geführt werden. Daneben gibt es etwa 28.000 Abfindungsbrennereien, das sind zollamtlich nicht gesicherte Kleinbrennereien mit einer Jahreserzeugung von nicht mehr als 300 Liter Alkohol.

Dann gibt es noch die Kategorie der sogenannten Stoffbesitzer: Zirka 100.000 davon sind bundesweit jährlich aktiv; sicherlich auch in unserer Nachbarschaft, oft ohne dass wir es wissen. Mein Vater und unsere zwei riesigen Kirschbäume im Vordergarten gehörten beispielsweise dazu. Stoffbesitzer sind Kleinerzeuger, Privatpersonen mit eigenen Obstgrundstücken oder Obstbeständen, aber ohne eigene Brennerei, die die Befugnis besitzen, bis zu 50 Liter Alkohol im Jahr in einer Abfindungsbrennerei herstellen zu lassen.

ABSCHIED VOM ALKOHOL

Auf die derzeit insgesamt 209 Mitarbeiter der Behörde, von denen 92 in dem wunderschönen Gebäude in Offenbach tätig sind, kommen in den nächsten Jahren schwerwiegende Veränderungen zu. Es geht um nicht mehr oder weniger als die „Abwicklung" all dessen, was seit 1919 in seiner jeweils modifizierten Form die heutige Behörde und ihre Aufgabenfelder ausmacht, mit ihrem EU-weit einmaligen Branntweinmonopol. Die BfB wird es so in Zukunft nicht mehr geben, ihre Arbeits- und Aufgabenfelder werden bis 2017 sukzessive „abgebaut und abgewickelt". Für die bundesweiten Produktionsstätten, Lager und Verkaufsbetriebe bedeutet dies die Schließung, für die Bundesmonopolverwaltung in OF das Ende einer Ära. Das Ganze hat etwas vom Aussterben seltener, geschützter Pflanzen oder Urzeit-Tiere, denke ich beim Zuhören.

Die MitarbeiterInnen im Friedrichsring sollen soweit möglich auf Stellen im Bereich der Zollverwaltung im Rhein-Main-Gebiet versetzt werden. Ein Teil von ihnen kann vielleicht sogar im Gebäude am Friedrichsring bleiben, das vom Bund auch in Zukunft genutzt werden soll, und dort für das 2005 einquartierte Beschaffungsreferat der Bundeszollverwaltung arbeiten. „Das wäre die beste Lösung, gerade für die vielen langjährigen MitarbeiterInnen der Behörde", sagt Herr Metzen hoffnungsvoll. Man merkt ihm an, dass die Zeit des Übergangs und Abschieds alles andere als einfach ist. Das Ende dieser Behörde mit abzuwickeln, ist kein leichter Job für ihn. So ähnlich wird es auch Eberhard Haake, dem aktuellen Präsidenten der BfB, gehen. Er steht als definitiv letzter Präsident dafür ein, dass es möglichst keine Kündigungen geben soll.

Das Ende nahm seinen Anfang 1976. Bis dahin hatte die BfB das Produktionsmonopol, das Großhandelsmonopol und das Einfuhrmonopol – alle drei von Offenbach aus gesteuert. 1976 hat Brüssel dann entschieden, dass auch Alkohol aus EU-Mitgliedsstaaten in Deutschland verkauft werden darf. Seit der Lockerung des Monopols muss der Bundeshaushalt durch Zuschüsse unterstützen, um die landwirtschaftlichen Kleinbrennereien im EU-Binnenmarkt konkurrenzfähig zu halten.

Diese den Brennereien gewährten Subventionen sind produktionsbezogen und eben deshalb nicht mit dem EU-Recht vereinbar. Noch bis 2013, so Metzen, darf die BfB Rohalkohol aus Getreide und Kartoffeln, bis 2017 aus Obst destillierten Alkohol abnehmen, veredeln und an Hersteller von Endprodukten vermarkten. Dann ist die Schicht zu Ende, die BfB-Historie.

Die einen sagen „gut so!", weil dies EU-Recht ist und außerdem enorme Subventionen eingespart werden können, andere denken „schade", denn damit geht ein Monopol zu Ende, das viele Kleinbetriebe im regionalen, landwirtschaftlichen Bereich unterstützt hat. Das bedeutete nicht nur wirtschaftliche Existenzsicherung, sondern auch Natur- und Artenschutz, Erhaltung regionaler Vielfalt. Für viele landwirtschaftliche Kleinbrennereien wird der Wegfall der staatlichen Subventionen das Aus bedeuten.

Herr Metzen kennt beide Seiten, ist mit vielen der Beteiligten – Verbände, Politik und Hersteller – im Gespräch, versucht da oder dort beratend zu vermitteln oder Konstruktives für die Zukunft auf den Weg zu bringen. Als Berater und Einkäufer ist der gelernte Jurist und Diplom-Finanzwirt für alles, was mit dem Ein- und Verkauf des Alkohols oder mit der Verlängerungsentscheidung der EU zusammenhängt, verantwortlich. Er ist viel vor Ort in seinem Job: Die unzähligen bunten Pins auf der Deutschlandkarte an der Bürowand zeugen von seinem Arbeitsalltag, in dem er Hunderte von Kilometern zurücklegt.

Herr Metzen ist Optimist, merke ich im Gespräch. Er hofft nach wie vor, dass es auch nach 2017 zu einer „Neuausrichtung" oder weiteren Unterstützung zumindest der Kleinsterzeuger (Abfindungsbrennereien/Stoffbesitzer) kommen kann.

Abschließend zeigt Herr Metzen mir noch die anderen Stockwerke und Seitenflure. Führt mich in die großzügigen, hellen Sitzungsräume, die zum hinteren Park hinausgehen, öffnet mir Labortüren und erklärt geduldig die technischen Utensilien und Messgeräte, beschreibt die Verfahren zur Kontrolle und Bewertung des Alkohols, die in den Räumen ausgeführt werden, während ich mich um Jahrzehnte zurück in meinen Chemieunterricht versetzt fühle.

Vom obersten, vierten Stockwerk aus, in dem sich die Labore befinden, ist der Blick in die Eingangshalle besonders schön. Allein die Höhe und Klarheit dieses Raums! Spätes, warmes Nachmittagslicht fließt durch das Glas herein, wirft bunte Lichtrechtecke auf den Boden. Von hier aus sieht man auch, wie liebevoll die hohe, breite Fensterbank über der Eingangstür

bepflanzt ist, eine kleine alte Gießkanne, eine Leiter stehen an der Seite.
Hier oben verstehe ich jetzt auch, was Herr Metzen amüsiert mit „Sing Sing“ meinte, als wir in seinem Büro über die Architektur des Gebäudes sprachen. Die Sing-Sing-Strafvollzugsanstalt, ein Hochsicherheitsgefängnis in der Nähe von New York, hat mit ihren Galerien und davon abgehenden Zellen für so manchen Vergleich und Scherz im Verwaltungsgebäude am Friedrichsring gesorgt. Wer seinen Arbeitstag in einem so schönen Gebäude beginnt oder beendet, kann gut über Gefängnisse witzeln!
Schön, dass diese ungewöhnliche Behörde mit ihren sympathischen Mitarbeitern ihren Humor trotz aller geplanten Veränderungen nicht verloren hat, sich das Leben davon nicht vergällen lässt. „Vergällen“, habe ich übrigens an diesem Nachmittag von Herrn Metzen gelernt, bedeutet auch das Denaturieren von Alkohol, das heißt, er wird für den menschlichen Genuss als Trinkalkohol durch Zusatz von zumeist sehr bitteren Stoffen unbrauchbar gemacht. Vergällungen und Sondervergällungen gehörten in den vergangenen Jahrzehnten zum Leistungsangebot der BfB.
Für mich wird es Zeit zum Nach-Hause-Gehen – schon zu viel Zeit hat mir Herr Metzen geschenkt, 1000 Fragen beantwortet, lange genug von der Geschichte, Entwicklung und Arbeit seiner Behörde erzählt. Ich hole mein Rad am Pförtnerhäuschen und verabschiede mich. Draußen Restsonne und Frühlingswärme. Bevor ich nach Hause fahre, drehe ich noch eine kleine Runde über die Parkplätze, Kieswege und den schönen, begrünten Innenhof des U-förmigen Gebäudes. Auf den Rasenflächen blühen Krokusse, vor den Fenstern stehen Birken, eine Esskastanie und alte Buchen. Das Gebäude mit seinen über 520 Fenstern wirkt in der Außenansicht klar und gleichförmig. Bei der Fassade wurden hellgelbe Klinker und dunkelroter Sandstein verwendet, die dem Ganzen Wärme und Lebendigkeit geben. Schade, dass diese besondere Behörde aufgelöst wird, schön, dass das Gebäude mit der Zollbehörde erhalten bleibt. Es steht seit Jahren unter Denkmalschutz. Wer diesen versteckten Schatz in Ruhe anschauen möchte, der kann dies am Tag des offenen Denkmals im September tun. Oder einfach mal mutig beim freundlichen Pförtner anklopfen – ein Blick ins Vestibül ist bestimmt drin.

DENKmal

ABBATE
KÄSEFABRIK
www.labbate.

Mozzarella, Scamorza & Ricotta

WAS KÄSE MIT SEHNSUCHT ZU TUN HAT

Unscheinbar und unauffällig, ohne Hinweisschild oder Leuchtreklame liegt mitten in der Innenstadt, unweit vom Wilhelmsplatz, dieser Schatz in einem Hinterhof versteckt. Eine italienische Käsefabrik und das dazugehörige Verkaufslädchen – höchstens neun Quadratmeter groß, mit einem runden Dachfenster, das den blauen Himmel hereinlässt.

Es erinnert mich an eine dieser Trompe-l'œil-Deckenfresken in italienischen Palästen, und das passt: Denn dieses winzige Lädchen ist ein Käsepalast. Auf den wenigen Quadratmetern kann man ein halbes Paradies entdecken. Altbekanntes und Liebgewonnenes, aber auch Ungewöhnliches und Unbekanntes ist im Repertoire an italienischen Köstlichkeiten zu entdecken, das einem dort neben dem selbst hergestellten Käse angeboten wird.

Wenn man das Lädchen zum allerersten Mal betritt, dann überfällt einen gleich dieses Gefühl von Authentizität, von einem individuell und liebevoll zusammengestellten Sortiment, das in Form von riesigen Butterblöcken, in Salzlake schwimmenden Bocconcini, Wein, Olivenöl und kiloschweren, lange gereiften Käse-Felsen den gesamten Raum einnimmt. Herzlich sind hier die Begrüßung, Beratung und Bedienung. Da fällt mir das nächste B ein: Blöd, dass ich fast zwei Jahre gebraucht habe, um dieses Hinterhofversteck zu entdecken. Allein durch Zufall hatte ich beim hundertsten Vorbeiradeln die kleine italienische

Fahne im Hof neben den dunkelgrünen, bepflanzten Olivenölkanistern entdeckt. Vielleicht haben meine Freunde, Verwandten und Kollegen in Offenbach mir dieses Hinterhofversteck nur verschwiegen, um den Laden und all die Schlemmereien auch in Zukunft für sich alleine zu haben. So ist das mit Geheimnissen und mit Geheimtipps – sie erlangen ihren Wert dadurch, dass sie nur mit ganz wenigen, auserwählten Menschen geteilt werden. Seit einiger Zeit gehöre auch ich zu den glücklichen Mitwissern, zu denen, die Andrea und Giuseppe L'Abbate und ihre Arbeit kennengelernt haben.

SEHNSUCHT

Angefangen hat alles in den Sechzigerjahren. Da kam Giuseppe L'Abbates Vater Antonio mit den ersten italienischen Gastarbeitern hierher. Angefangen hat alles mit Sehnsucht, mit dem Fehlen und Vermissen von etwas oder jemandem. Aus diesem Gefühl gehen nicht nur große Gedichte, Musik, Bilder oder Liebesbriefe hervor, aus Sehnsucht entstehen auch so wundervolle Dinge wie Apfelkuchen, Brot, herzförmige Muffins oder eben auch Käse. Denn wenn Giuseppes Vater in seinem Offenbacher Alltag etwas vermisst hat, dann war das auch das Essen aus seiner Heimat. Käse, Fenchelsalami, italienisches Brot, Wein – Lebensmittel, die für eine viel umfassendere Sehnsucht stehen nach dem, was man in einem Koffer nicht mit nach Deutschland nehmen konnte. Freunde, Familie, Traditionen und Gewohnheiten.

Andrea L'Abbate bringt es bei unserem ersten Treffen im Hinterhof auf den Punkt: „In den Sechzigern gab es hier ja noch gar nichts an italienischen Lebensmitteln." „Noch nicht mal eine Pelati (eine Dose geschälte Tomaten)", wirft ihr Mann Giuseppe ein, und ohne die geht gar nichts, wenn's um einen guten Sugo, um Pasta oder Pizza geht.

Sein Vater war „Feinschmecker", liebte das gute, einfache Essen und war fest entschlossen, all das, was es in Deutschland nicht gab, irgendwie auch hier zu organisieren. Zunächst hat er angefangen zu importieren. Von Fisch und Brot über Käse und Wein bis hin zur unentbehrlichen Pelati. „Er war so ein richtiger Pionier", beschreibt ihn Andrea L'Abbate stolz und erwähnt noch den Weggefährten Righetti, der damals eine Nudelfirma in Mühlheim gründete. „Das ist so die Truppe der ersten Stunde. Die haben sich viel einfallen lassen, hatten Unternehmergeist, waren voller Ideen und Mut."

In den Sechzigerjahren hat Antonio L'Abbate dann die Firma aufgebaut. In einer kleinen Küche hier im Hinterhof hat er Mozzarella und Ricotta selbst hergestellt. „Alles war absolute Handarbeit, alles selbstgemacht – Maschinen gab es noch keine." Zu den Kunden zählten in der Anfangszeit fast ausschließlich Gastarbeiter, Italiener, die wie er hier arbeiteten und lebten – und Sehnsucht hatten. „Die haben sich total gefreut, dass es so was auch hier zu kaufen gab, das fehlte ja, ein Stück Heimat", beschreibt es Andrea.

Während ihr Mann Espresso für uns macht, erzählt sie vom Verkaufslädchen, von Kunden, Produkten und Auftraggebern, erinnert Geschichten aus über dreißig Jahren. Dabei kommt viel Liebe zur gemeinsamen Arbeit rüber. L'Abbates sind mit ganzem Herzen bei der Sache. Das spürt man, wenn sie von der Entstehung der Käsefabrik, ihrer Arbeit oder ihrem Kennenlernen erzählen. „Wir sind seit 34 Jahren zusammen, seit 27 Jahren verheiratet", lügen mir die beiden glatt ins Gesicht – denn die Personen, die da neben der Espressomaschine stehen, müssten sich in der Krabbelstube kennengelernt haben, so jung (geblieben) sehen sie aus.

Die Firma wuchs, zunehmend wurde auch für den Handel produziert und ausgeliefert. Großhandel und Gastronomie zählen bis heute zum Kundenstamm, ebenso Feinkostläden und Stammkunden vor Ort. Anfang der Siebziger etablierte sich dann langsam aber sicher die Käsefabrik.

Als der Vater 1977 völlig unerwartet starb, brach erstmal eine Welt zusammen. „Der Vater war noch sehr jung, Ende 40 gerade. Das war ein Schlag für die ganze Familie, und es blieb damals gar nicht viel Zeit, um in Ruhe zu reflektieren. Man musste schnell handeln, es musste ja irgendwie weitergehen", erzählt Giuseppe L'Abbate, der damals in Bari Sprachen studierte und eigentlich ganz andere Pläne für sein Leben hatte. Er war der älteste von vier Brüdern, und es war schnell klar, dass er in dieser Situation aus Italien zurückkommen und das weiterführen sollte, was sein Vater aufgebaut hatte.

„Ich musste da alles aufgeben. Das war ein ganz anderes Programm", fasst Giuseppe diesen abrupten Richtungswechsel in seinem Leben nüchtern zusammen. Mit 19 Jahren von heute auf morgen eine so große Verantwortung zu übernehmen, ganz ohne vorher Anlauf nehmen zu können, und mit dem Verlust des Vaters irgendwie klarzukommen – dass das alles andere als einfach für ihn war, kann man beim Zuhören heute noch spüren.

Heute, nach all den Jahren, ist er mehr als zufrieden in seiner Selbstständigkeit und seinem beruflichen Alltag. Das strahlen beide aus. Dass sie den Betrieb seit über 30 Jahren gemeinsam mit „Herzblut" führen, glaubt man ihnen auf der Stelle. „Wir sind da beide reingewachsen und machen das mit ganz viel Engagement, weil das unser Ding ist, wir haben das in der Hand, sind unsere Chefs. Es hat auch schwierige Seiten, klar, aber auch Seiten, die Spaß machen, spannend sind – du kannst kreativ sein, selbst bestimmen, neue Produkte und Ideen ausprobieren. Also der Spaßfaktor ist groß", lachen mir beide beim Espressotrinken entgegen.

LIEBE AUF DEN ZWEITEN BLICK

Ende der Siebzigerjahre, kurz nach dem Tod des Vaters, haben die beiden sich kennengelernt und gehen seitdem gemeinsam durchs Leben. Nicht in Offenbach hat es gefunkt, wo beide lebten, sondern etwa 1500 Kilometer weiter südlich, in Italien, wo sie mit ihrer Clique damals Urlaub machten.
„Wir kannten uns schon, aber so richtig kennengelernt haben wir uns eigentlich in Italien. Und das war total toll damals, Liebe auf den ersten, na ja, sagen wir mal auf den zweiten Blick", erzählt Andrea euphorisch, als wäre das Ganze vor ein paar Tagen gewesen, während Giuseppe lächelnd zuhört. Gemeinsam haben sie eine Tochter und einen Sohn, die auch mal mit anpacken, wenn viel los ist.
Nicht alle glücklichen Paare können auch gut zusammen arbeiten. Diese Erfahrung hat jeder schon mal gemacht beim Versuch, gemeinsam zu kochen, im Garten, am Haus oder sonst wo zu arbeiten. L'Abbates dagegen scheinen rundum zufrieden zu sein, wenn sie von ihrem gemeinsamen Arbeitsalltag berichten. Natürlich gibt es auch ein paar Dinge, die nerven, anstrengend sind oder auf bürokratischer Ebene den Tag erschweren können. Aber davon abgesehen, haben die beiden kein Problem damit, sich nach dem Frühstück im Laden, im Büro oder bei der Produktion immer wieder über den Weg zu laufen. Was für ein Glücksfall, denke ich beim Zuhören.
Das Geheimnis fürs glückliche Zusammenarbeiten und Leben bekomme ich gratis verraten: Beide lieben ihre Arbeit und respektieren die speziellen Arbeitsbereiche des anderen. So einfach ist das also. „Ich rede ihm in den gesamten Produktionsbereich nicht rein – die Veränderungen, Abläufe dort, da halte ich mich raus, das ist

einfach sein Bereich. Ich geb' höchstens mal was weiter, was ein Kunde angefragt hat. Und dasselbe gilt für den Laden, das ist eher mein Reich, da redet er mir nicht rein", erklärt Andrea. „Da haben wir auch zwei verschiedene Temperamente, sag ich mal." „Ja, gut, und zwei unterschiedliche Geschlechter", ergänzt Giuseppe und beide lachen.

Dass der Laden und der Betrieb gut laufen, sieht man vor allem samstags und an den Markttagen – der Wochenmarkt ist nicht weit –, wenn sich im Hof eine lange Schlange bildet und die Wartenden frischen Espresso als Trost offeriert bekommen. Zu den Kunden gehören noch heute einige der alten Weggefährten des Vaters und deren Kinder, mittlerweile aber auch immer mehr deutsche Kunden. Der Direktverkauf im Hof hat sich in den letzten Jahren sehr gut entwickelt, vor allem durch die positive Mundpropaganda, den Geheimnisverrat einiger Mitwisser.

EIN VORMITTAG IN DER PRODUKTION

Ein Dienstag im Mai, Sonnenschein und strahlendblauer Himmel. Ich sitze bei L'Abbates auf der Holzbank und warte auf ein Zeichen von Giuseppe. „Dauert noch 20 bis 30 Minuten, Temperatur muss noch steigen", ruft er aus dem Büro und bietet mir einen Espresso an.

Heute darf ich nach all den Gesprächen über Käse, Sehnsucht, Italien und Offenbach die Käsefabrik von innen anschauen, darf – wie in der Sendung mit der Maus – bei der Käseproduktion zusehen und Giuseppe mit meinen Fragen nerven.

Alles beginnt mit der Milch. Die wird schon ganz früh am Morgen aus dem Odenwald nach Offenbach geliefert. Seit drei Jahren wird ausschließlich aus kontrollierter Biomilch produziert – Frische, Regionalität, Bioqualität und die Vorstellung von stressfreien, glücklichen Kühen im Odenwald machen den Käse noch leckerer, als er eh schon schmeckt.

Während ich noch darauf warte, dass die Molke ihre 80/90 Grad Celsius erreicht, kommen die ersten Kunden in den Hinterhof. Rentner, Familien und Frauen parken Auto, Fahrrad oder Rolltasche im Hof, verschwinden im Laden und kommen mit vollen Tüten zurück, um sich zur nächsten Station ihres Vormittags aufzumachen. Eine Kundin ist sogar mit dem Rad aus Frankfurt gekommen, um Oliven, frischen Käse und Butter über die Stadtgrenze zurück nach Bornheim mitzunehmen. „Ich komm' regelmäßig, das Angebot ist ein-

fach einmalig, wo bekommt man selbstgemachten Käse so frisch", schwärmt sie. Soviel zum L'Abbate-Sozialbeitrag für ein gutes und friedliches Zusammenleben der Nachbarstädte, deren Verhältnis bekanntlich nicht immer so entspannt ist.

Aus der Käsefabrik kommen derweil Geräusche wie aus einer Autowaschstraße. Es schnauft, sprüht, zischt und dampft aus den Fenstern. Dann ist es endlich soweit. Noch kurz in die Arbeitskleidung und dann zur Käseproduktion. In der Produktionshalle ist es neblig, die hohe Luftfeuchtigkeit kann locker mit subtropischen Regionen mithalten.

„Hier machen wir jetzt die Ricotta", sagt Giuseppe. In Italien sind Ricotta und Mozzarella weiblich. Im Deutschen haben sie laut Duden das männliche Geschlecht vom Käse übernommen. Giuseppe führt mich zu einem riesigen Edelstahlbottich, an dem sein Mitarbeiter Cosimo mit einem großen Schöpfsieb langsam durch die weiße Masse rührt. „Gleich können wir abschöpfen", urteilt Giuseppe fachmännisch beim Abfischen und Betrachten der Käsemasse. In seiner ruhigen Art erklärt er mir den Vorgang und beantwortet geduldig auch noch meine siebte Nachfrage.

Also: Ricotta ist ein aus Kuhmilch hergestellter Frischkäse. Er wird nicht direkt aus der Milch gewonnen, sondern aus der Molke, die bei der Herstellung von Mozzarella anfällt. Um die Molke „dickzulegen", wird sie unter Zugabe von Milch nochmals sehr stark erhitzt. Anschließend wird Zitronensäure hinzugegeben; bei dem dadurch entstehenden Gerinnungsprozess bleiben die gelösten Milchstoffe wie Milchfett, Mineralien und Vitamine erhalten. Im nächsten Arbeitsschritt wird die Ricottamasse noch einmal auf etwa 90 Grad erhitzt. Dadurch trennt sich die Flüssigkeit vom Käse. Der entstandene Ricotta wird nun an der Oberfläche per Hand in Körbchen abgeschöpft, damit die restliche Flüssigkeit abtropfen kann. Dabei kann man sich verdammt die Finger verbrennen, wenn man nicht aufpasst.

Was dabei herauskommt, ist der Hammer: Dieser Ricotta ist unglaublich mild, frisch und cremig im Geschmack. Man kann ihn einfach so oder frittiert essen, aber auch hervorragend zum Backen verwenden. Unglaublich lecker schmeckt er für mich einfach so auf einem frischen Stück Brot mit etwas Salz und Pfeffer, eine Tomate dazu, ein paar Tropfen Olivenöl drauf – dann ist die Welt in Ordnung. Wobei auch die von Andrea gemachte „Ricotta in fornata" – im Ofen lecker gebräunter Ricotta mit Kräutern – immer als Vorspeise bei uns zuhause auf dem Tisch steht, wenn Gäste kommen. Als nächstes geht's zur Mozzarella-Herstellung. In Edelstahlwannen liegt bereits der sogenannte Käsebruch in großen Blöcken. Zuvor wurde die Milch von den Odenwälder Kühen stark erhitzt und unter ständigem Rühren Lab hinzugegeben – durch dieses Enzym wird die Milch dick, erfahre ich von Giuseppe. Durch das Rühren setzt sich der Bruch, weil er schwerer ist, unten ab. Die flüssige Molke schwimmt oben. Sie wird in einem Bottich gesammelt – und was ihr dann bevorsteht, wissen wir ja schon.

Den Käsebruch verarbeiten Giuseppe und sein Mitarbeiter dann zur Mozzarella. Dazu wird die Bruchmasse eine Weile stehengelassen und dann mit etwa 80 Grad Celsius heißem Wasser überbrüht. Anschließend wird die heiße Käsemasse unter ständigem Rühren, Kneten und Ziehen zu einem weichen und formbaren Teig verarbeitet. Dies geschieht in einer großen Maschine mit Heißwasserwannen, Schläuchen, Bohrern und Knethaken. Von ihr kamen wohl auch die „Waschstraßengeräusche" im Hof vorhin, denke ich beim Zuschauen. Als Cosimo einen der Hebel aufdreht, um etwas heißes Wasser zuzugeben, verschwinden wir für einen Moment im zischend dampfenden Nebelreich der Käsefabrik. Der geschmeidige Teig fließt von der Wanne aus direkt in einen Behälter mit vielen runden Ausstanzungen. Die Masse wird durch diese Förmchen gedrückt und fällt als Mozzarella-Kügelchen direkt in das darunter stehende Edelstahlbecken, das zum Abkühlen dient und mit kaltem Wasser gefüllt ist. Wie kleine weiße Goldfische schwimmen sie darin. Aus einem Teil der Masse formt Giuseppe noch Zöpfe oder die birnenförmige Scamorza. Durch Trocknung oder Räuchern wird ein Teil davon weiterverarbeitet. Übrigens: Mozzarella und Scamorza, Provolone, Girellone und Burrata gehören zu den sogenannten Filata-Käsen (von ital. „filare", „ziehen"). Damit sind Käsesorten gemeint, bei deren Herstellung die heiße Käsemasse, wie ich es gerade sehen konnte, unter Rühren, Kneten und Ziehen zu einem weichen, formbaren Teig verarbeitet wird.

Als ich eine halbe Stunde später eine große Portion von dem eben produzierten Ricotta und Mozzarella mit nach Hause nehme, ist klar: Frischer und authentischer geht gar nicht mehr. Mit diesen Produkten hat industriell gefertigte Ware, pasteurisiert, homogenisiert, haltbar und cremig gemacht, verschweißt und über logistisch durchstrukturierte Kühlketten zu uns gebracht, absolut nichts mehr zu tun.

GEHEIMNISSE

Ich bin schlecht darin, Geheimnisse für mich zu behalten. Wenn es etwas sehr Persönliches ist und wirklich drauf ankommt, dann kann ich das natürlich auch. Die Käsefabrik bleibt zwar mein Geheimtipp, aber ganz für mich behalten kann ich diese Entdeckung, diesen kleinen versteckten Palast, nicht. Das ging schon einigen anderen so – langsam aber sicher wird über das Lädchen und die Käsefabrik in der Stadt geredet, darüber geschrieben.

Für mich habe ich Folgendes beschlossen: Adresse und Wegbeschreibung kommen nicht in dieses Buch rein. „Wer uns finden will und sucht, der findet uns auch, ein bisschen soll es ja auch noch ein Geheimtipp bleiben", meinten Andrea und Giuseppe L'Abbate bei meinem ersten Besuch. Damit haben sie Recht, und ich hoffe, es bleibt auch so.

MOLKEREI
Hüttenthal
Hier gibt's
LABBATE

OF

Im Bauch des Wals

MIT ABC-SCHÜTZEN UND ALTEN LESEHASEN AUF LITERA-TOUR IM STADTGEBIET

Auf dem Schreibtisch stapeln sich Buchprospekte und Frühjahrskataloge, vom Boden wachsen Büchertürme Richtung Decke, und in Plastikkisten stehen für den Bus gepackte Bücher, Spiele, CDs und DVDs bereit. Hier, im Bücherbus-Büro der Kinder- und Jugendbibliothek, die zur Stadtbibliothek gehört, treffe ich das Team des Offenbacher Bücherbusses.

Frau Herde, die Leiterin der Fahrbibliothek, und Herr Ganjali, unter anderem für das Fahren des Busses zuständig, sortieren hier gemeinsam Bücher ein oder aus, bearbeiten Aufträge, Vorbestellungen und Nachfragen, kümmern sich um Neuanmeldungen und Ausweisverluste, planen den Einkauf und turnusmäßigen Wechsel von Medien im Bus – oder vertrösten junge Leser am Telefon oder per Mail beim ungeduldigen Warten auf Ausleihhits wie Band 5 von Gregs Tagebüchern oder das neue Nintendo-Lernspiel.

Wie in Tierarztpraxen Fotos von Hundewelpen oder im Rathausfoyer ehemalige Bürgermeister der Stadt, so hängen hier große Fotoplakate der bisherigen Bücherbusse an den Wänden: Von 1956 bis 1980 fuhr der – heute wie ein Oldtimer anmutende – erste Bücherbus durch Offenbachs Straßen. Die Bilder zeigen die Einweihung mit Luftballons und Promis und Innenaufnahmen mit Lesern aus den Siebzigerjahren – Schlaghosen, fenstergroße Brillen und Ponyfrisuren inklusive.

1980 kam sein erster Nachfolger, der auf der Karosserie bereits die zweite Haut aus bunten Buchrücken-Aufklebern als Markenzeichen trug. 2009 war nach 100.000 Straßenkilometern auch dessen Zeit um – der Motor zwar noch okay, aber die Karosserie hinüber. Vor der Schrottpresse blieb er aber dank Frau Herdes Engagement verschont. Sie stammt aus Lettland, wo sie 12 Jahre lang in einer wissenschaftlichen Bibliothek gearbeitet hat, und über ihre Kontakte wurde die ausrangierte Fahrbibliothek in Lettland landesweit zum Verschenken angeboten. So kam es, dass das alte Gefährt sein Gnadenbrot in der Kleinstadt Grobina fristet, wo es repariert und etwas umgebaut als Bücherbus durch die Stadt und die ländliche Region fährt. Abgeholt wurde es damals in Offenbach vom Bürgermeister persönlich – eine schöne, kleine Fußnote zum europäischen Gedanken einer Zusammenarbeit über Grenzen hinweg. Und durch Offenbach fährt seit Januar 2009 der neue Bücherbus, der ein Wolf im Schafspelz ist – denn unter der Buskarosserie schlummert das Herz eines Zwölf-Tonnen-LKWs, auf dessen Fahrgestell und Motor die Bus-Spezialanfertigung aufgebaut wurde.

Dina Herde ist seit mehr als neun Jahren „an Bord“, wie sie es nennt; daneben organisiert sie verschiedene Angebote für junge Leser in der Kinder- und Jugendbibliothek. Dass ihr die Arbeit im Bus viel Spaß macht, ist ihr im Gespräch unschwer anzumerken. Sie ist nicht nur durch und durch eine Bücherfrau, sie mag vor allem den Kontakt mit Menschen. So bringt sie Lesestoff, Spiele und Lernhilfen zu den Leuten nach Hause, sie liefert sozusagen Bücher aus wie andere Pizza oder thailändisches Essen.

Die rollende Bibliothek steuert im ganzen Stadtgebiet verteilte Haltestellen an, darunter viele Schulen. Ein Schwerpunkt liegt dabei auf der Versorgung der Grundschulen und insbesondere der Leseanfänger. Klassenführungen für Erstklässler, Lesetage, Medien-Klassensätze oder Materialiensammlungen zu verschiedenen Unterrichtsthemen sind Teil der besonderen Serviceleistungen des Busses.

Viele der Bücherbuskunden, fast zwei Drittel, sind Stammkunden. Die Bücherbuszeiten gehören zu ihrem festen Wochenstundenplan, seine Haltestellen zu den Koordinaten im ganz persönlichen Offenbach-Netzwerk. Ein paar von ihnen werde ich persönlich bei meiner Litera-Tour durch Offenbach kennenlernen.

CHANCENGLEICHHEIT: BÜCHER FÜR ALLE

Der Bus parkt im Hof der Kinder- und Jugendbibliothek, Herrnstraße/Ecke Kirchgasse. Selbst umgeben von den hohen Mauern wirkt er noch riesig: wie ein gestrandeter Wal. Fast zwölf Meter lang und zwölf Tonnen schwer, mit seinem Medien-Inhalt sogar vierzehn Tonnen, fährt er durch Offenbach und ist dabei alles, nur nicht eines: zu übersehen.

Das Innere dieses Kolosses besteht aus einer Sonderanfertigung, bei der jedes Teil individuell und zweckmäßig so eingebaut wurde, dass möglichst viele Leser möglichst vielen Büchern begegnen können. Rund 5.000 Medien gehen darin auf Tour, während zwei Fußballteams noch locker Platz zum Schmökern finden.

Der Bücherbus möchte alle Menschen in Offenbach erreichen, aus allen Schichten, Vierteln, Generationen. Sein Ziel ist kulturelle Teilhabe, Stadtteilservice, Dezentralisierung: Er bringt Bücher vor allem auch zu jenen, die aus unterschiedlichen Gründen nicht den Weg zur Bibliothek, zum Lesen finden. Das gilt zum Beispiel für Schüler aus „sozial schwachen Familien, in denen der Weg zum Buch oftmals nicht ganz so einfach ist, aus Mangel an Geld, Sprache oder Bildung", wie Dina Herde erklärt. Neben der Leseförderung an Schulen, die der Bücherbus meist an den Vormittagen besucht, soll das Angebot auch Menschen in den zentrumsferneren Stadtteilen erreichen, Ältere und Gehbehinderte, Mütter mit kleinen Kindern oder Menschen, denen schlichtweg das Geld für die Fahrt in die Innenstadt fehlt. Dazu passt übrigens gut die etymologische Bedeutung von „Omnibus", „für alle" – von lateinisch „omnis", „alle".

Es gibt Menschen, die träumen davon, im großen, roten Feuerwehrauto mitzufahren; andere warten auf den Tag der offenen Tür bei der Polizei, um einmal mit Blaulicht und Tempo 100 auf fingierter Verbrecherjagd durch die Innenstadt zu flitzen. Ich dagegen freue mich, seit ich in Offenbach lebe und den gigantischen Literatur-Walfisch durch die Straßen schwimmen sah, auf eine Fahrt mit dem Bücherbus. Als ich Frau Herde beim ersten Treffen danach frage, erhalte ich ohne Umschweife ein „Ja klar, gerne!" zur Antwort. „So lernen sie auch ein bisschen unsere Kunden kennen, den Alltag im Bus." Volltreffer, denke ich glücklich und freue mich auf den nächsten Interviewtermin im Bus und die gemeinsame Fahrt durch Offenbach.

Es ist eine der Nachmittagstouren. Geduld und jede Menge Rangierkönnen sind gefragt, um den Bücherkoloss aus dem Hinterhof zu bekommen. Herr Ganjali ist ein Meister seines Fachs. Die Ruhe in Person, blickt er konzentriert von einem der vielen Außen-, Seiten- oder Lupenspiegel zum anderen. Es geht um Zentimeter. Frau Herde winkt von der Seite, und auf einem Monitor im Fahrerhäuschen werden per

Kamera die toten Winkel angezeigt. Dann endlich gehts los Richtung Tempelsee und Bieber. Schnaubend schiebt der Riese seinen massigen Körper durch die Straßen. Wir drei sitzen im Fahrerhäuschen, reden über Bücher und Busse, während ich zufrieden von unserer erhöhten Sitzposition aus die Straßen und Plätze der Innenstadt betrachte.

An der Haltestelle in Tempelsee warten bereits die ersten Kunden. Eine Frau kommt mit Tüten bepackt direkt vom Einkaufen, ein junges Mädchen gibt einen Stoffbeutel voller Medien ab, um dann erleichtert die nächste Füllung zusammenzutragen. Sie ist Stammkundin, erfahre ich von Frau Herde. Man grüßt sich, kommt kurz ins Gespräch, während ein kleiner Junge, der kaum über die Theke schauen kann, wissen will: „Haben Sie auch Bücher von ‚Die unschlagbaren Vier'?" Frau Herde macht sich mit einem „Komm, gucken wir mal zusammen" auf den Weg zu den Regalen. Herr Ganjali nimmt derweil die nächsten Bücher entgegen, verlängert andere oder gibt welche aus. Langsam füllt sich der Bücherbus. Einige Kunden wissen genau, was sie wollen und wo es steht. Andere machen erst einen Schlenker zur Theke, um eine Info zu erhalten. Ein etwa achtjähriger Junge möchte eine DVD ausleihen, die aber erst ab zwölf freigegeben ist. Er trabt zum Regal zurück und findet ein Fach tiefer bei der richtigen Altersstufe schnell Ersatz: „Willi will's wissen".

Ganz hinten in der Leseecke sitzt schon seit längerer Zeit ein Junge, in ein Buch vertieft. Mohamed, auch er ein regelmäßiger Kunde, liest grade „Gregs Tagebuch". Darüber soll er nächste Woche in der Schule ein Referat halten. Direkt neben ihm treffe ich eine junge Mutter mit ihrem kleinen Sohn. Sie suchen gemeinsam in einer der Bodenschubladen nach Bilderbüchern. Im Bus können auch die ganz kleinen Lesemäuse ihrer Bücherwelt auf Augenhöhe begegnen und alles selbst aussuchen. Zweckmäßiger und pädagogisch korrekter gehts kaum.

„Ist hier vor Ort im Bus viel einfacher für uns, als immer ins Zentrum zu fahren", erfahre ich von der jungen Mutter. Mit ihrem Kleinsten ist sie heute zum allerersten Mal hier, und das scheint etwas ganz Besonderes zu sein. „Ist eine tolle, aufregende Sache für ihn", schwärmt sie, während der Kleine sich verschämt wegdreht. Soviel erfahre ich dann aber doch noch von ihm: „Mit Burgen und Räuber mag ich, Ritterbücher."

Bevor wir weiter zur nächsten Station fahren, lasse ich mir von der jungen Frau mit

LERNSPASS
3. Klasse GRUNDSCHUL-TRAINER
Bestseller
VNE AVENTVRE D'
le to
Harry Potter

der vollen Stofftasche noch verraten, was sie heute alles mit nach Hause nimmt.
„Ehm, also, Star Wars, dann noch ‚Jesus liebt dich', das ist ein Roman, und Harry Potter, ‚Der Halbblutprinz'. Ich hör viele Bücher, aber ich les auch viel", erklärt sie. Sie ist eine von denen, die mit dem Bücherbus groß geworden sind, die ihn schon seit ihrer Kindheit kennen.

GROSSWERDEN MIT DEM BÜCHERBUS

Eine Sache lerne ich schnell auf meiner Bücherbustour: Der Bus ist nicht nur für alle unterwegs, es wird auch ganz individuell auf die Wünsche und Fragen der Kunden eingegangen. Bücher und Medien, die grade nicht an Bord sind, können angefragt und vorbestellt werden, und zwar aus dem gesamten Sortiment der Stadtbibliothek – eine Woche später wird die Bestellung dann zur Haltestelle mitgebracht. Wenn man im Sortiment ein Buch vermisst – zum Beispiel eine lang erwartete Neuerscheinung –, kann man es beim Team an der Theke vorschlagen. Im Bücherbus herrscht lebendige Demokratie, hier können die Bürger mitbestimmen.
Der Bus besitzt den Charme eines Tante-Emma-Ladens, der die Peripherien der Stadt abfährt, damit auch dort alle versorgt werden. Jeder kennt fast jeden, ein Neuzugang fällt ebenso auf wie das Ausbleiben eines Stammkunden. Einige Kunden kennt das Busteam schon von klein auf. Dazu gleich mehr. Jetzt gehts erst mal weiter Richtung Bieber, zum Ostendplatz, der nächsten Station unserer Nachmittagstour. Nachmittags kommen vor allem Rentner und Eltern mit kleinen Kindern – überwiegend Frauen –, erklärt mir Frau Herde auf der Weiterfahrt. Das ist bei unserer Ankunft in Bieber bereits am Halteschild zu erkennen: Bobbycars sind dort neben Gehhilfen geparkt, ein Rollator lehnt an einem Hollandrad mit Babysitz. Ein Bollerwagen ist auch da, vollgeladen mit Kindern, Büchern, Decken und Getränken.
Der Bus füllt sich schnell. Kinder, Jugendliche, Rentner und Mütter mit Kleinkindern erobern das Sortiment, geben Bücher zurück, fragen, ob über Ostern geschlossen sei. Eine Erzieherin aus der Kita holt ihre vorbestellte Themenkiste ab, zwei Freunde um die neun Jahre suchen im Regal nach dem Räuber Hotzenplotz, ein anderer Junge kommt atemlos zur Ausleihtheke gerannt. „Hallo", pustet er Luft und Buchstaben aus, „ich bin wieder da." Nicht zu übersehen, denke ich schmunzelnd und

höre dann die Story dazu: „War eine Woche krank, und dann war ich 'ne Woche bei meiner Tante zu Besuch, wir hatten doch schulfrei. Jetzt bin ich wieder da und komme wieder wie immer vorbei", erklärt er und packt die ausgeliehenen Bücher ein: „Unsere Tierwelt". „Alles über Löwen". Einmal „Was ist Was".

Frau Herde lächelt, als er durch die Tür verschwunden ist. „Das ist auch einer, der schon ewig dabei ist, kommt immer auf die Minute und entschuldigt sich, wenn er mal nicht kommen kann. Total süß. Das ist ein bisschen wie Familie oder sagen wir Bezugsperson."

Viele der Buskunden werden mit dem Bücherbus groß. Wachsen wie in die nächste Schuh- oder Konfektionsgröße in die nächste Lesestufe hinein. Von den ersten Tast- und Bilderbüchern in den Rollkisten am Boden über Lesefibel, Räuber Hotzenplotz und Ponyhofgeschichten, Hanni und Nanni, Gregs Tagebuch, Jugendvampirgeschichten, Harry Potter bis zu Krimis oder Liebesromanen und den Klassikern der Literaturgeschichte. Die Ausleihkarten der Stammkunden spiegeln ganze eigene Welten, die da erlesen und erobert wurden. Von Kleinkindern, die grade laufen gelernt haben, bis zu Senioren, die der Bus schon ein halbes Leben begleitet – oder die ihn erst im Rentenalter entdeckt haben: Sie alle sind mehr als Ausweisnummern für das Busteam. Die rollende Bibliothek ist nicht nur ein Service, sie ist ein Ort der Begegnung und Bekanntschaft mit Menschen und ihren Geschichten.

„Schwangere Frauen mit Babybauch kommen nach der Geburt wieder mit den Kleinkindern zu uns, die dann in die Bücher hineinwachsen. Wenn die Kinder alt genug sind, kommen sie alleine, ja und irgendwann kommt natürlich dieser berühmte ‚Knick', so mit elf, zwölf Jahren. Dann verschwinden sie für eine Weile, nicht alle, aber meistens sind es die Jungs. Mädchen sind oft Leseratten und bleiben", fasst Frau Herde junge Lesebiographien knapp zusammen, während sie freundlich auf einen Jungen zugeht, der schon seit gut einer Viertelstunde ratlos vor einem der Bücherregale steht.

„Wie alt bist du denn jetzt? Ja, also dann kannst du doch schon diese Bücher hier lesen, probier mal das hier", ermutigt sie ihn zum Sprung in die nächsthöhere Lesestufe und reicht ihm ein Buch. Er freut sich über die Unterstützung und das indirekte Leselob, greift gleich nach einem weiteren Buch aus dem Regal und geht damit zu Herrn Ganjali an die Ausleihtheke. Dort steht gerade ein älterer Herr, der aus einer

etwas altmodischen, bauchigen Arbeitstasche etliche dicke Wälzer holt und auf der Theke stapelt. „Die hier gehen zurück, und die hier können Sie haben, wenn Sie mögen, vielleicht kann man sie ja noch gebrauchen", höre ich ihn sagen. Dann dreht er sich zum ersten Regal, um neuen Lesestoff für zuhause auszuwählen. Frau Herde begrüßt ihn mit einem „Heute etwas später als sonst?" Herr H. ist der älteste Bücherbuskunde, erfahre ich von ihr. Auch wenn man ihm das null ansieht. Mit seinen über 80 Jahren kommt er wöchentlich mit seiner Tasche, gibt das Leseleergut ab – spendet zusätzlich, wie auch heute, oft noch eigene Bücher – und sucht sich Neues aus.

Herr H. hat seinen Bücherstapel zusammengestellt. „Tja, ich bin ja im sogenannten letzten Alter. Früher hab ich mich natürlich auch für Karl May, Ritterbücher und Geschichte interessiert. Heute lese ich vor allem Krimis, Romane, eigentlich alles. Und wenn es mir gefällt, dann lese ich es auch bis zur letzten Seite. Aber nur dann", erklärt er mir seine im Alter gewonnene Lesefreiheit. Kein Zwang mehr zum Bücherbeendenmüssen. Vier bis fünf Bücher pro Woche leiht der begeisterte Bücherwurm aus, der sich seit seiner Pensionierung dem widmen kann, was er schon immer mochte: LESEN. Er gehört wie viele der älteren Kunden zu denen, die wartend zuhause am Fenster sitzen und sich, sobald der Bücherkoloss vorbeifährt, auf den Weg zur Haltestelle machen.

Meine Frage, ob ich abschließend ein Foto von ihm machen dürfe, beantwortet er sofort mit einem „Ja, gerne, wenn Sie mögen." Indessen nimmt Frau Herde die letzte Ausleihe für diese Station entgegen.

„Kommt dein Bruder nicht?", fragt sie erstaunt einen Jungen, weil sie einfach jeden hier persönlich kennt. „Nö, mein Bruder kommt heute nicht. Der will lieber Computer spielen, hab ihn beim Losgehen extra noch gefragt", erfahren wir vom kleinen Bruder, und dann geht meine Nachmittagstour auch schon zu Ende. Schade, denke ich im Hof der Kinder- und Jugendbibliothek beim Einparken des Kolosses.

ANSTURM UND TÜRSTEHER

Unsere erste Station am Morgen ist die Beethovenschule. Diesmal ist auch Herr Jahn mit dabei, ein Kollege aus der Stadtbibliothek. Auf den Schulhof können wir nicht fahren, da die Schule gerade umgebaut wird. Dennoch finden eine Menge Grundschüler in der Pause den Weg zum Bücherbus. Nach und nach kommen die

Erst- bis Viertklässler, um nach Büchern zu stöbern – oder gezielt das Regal mit dem Nintendo-DS-Angebot zu durchsuchen. Mittlerweile gibt es über 80 Nintendo-DS-Titel, erfahre ich, das Regal dafür ist aber fast immer leer. Die Dauerbrenner gehen bei der Abgabe schon direkt an der Theke als Vorbestellung wieder raus oder stehen nur wenige Stunden auf ein neues Herrchen oder Frauchen wartend im Regal.

Der Bücherbus ist an der Grundschule auch Pausentreffpunkt. Jessica, erfahre ich, wartet hier auf ihre Schulfreundin aus der 3d. Erst als die erscheint, ist die Welt voll und ganz in Ordnung und beide machen sich gemeinsam ans Bücher- und Medienaussuchen. Kurz darauf kommen drei weitere Drittklässlerinnen – Nadja, Antonia und Nina – in den Bus. Die drei wissen offenbar genau, was sie wollen, gehen zu einem der Kinderbuchregale und greifen gezielt in ihrer Lesestufe zu. Ob sie oft da sind, will ich wissen.

„Ja, wir kommen jeden Dienstag", erklären alle drei unisono – schüchtern, aber mit einem gewissen Stolz. Was sie gerade lesen oder gelesen haben, frage ich noch, als der Pausengong ertönt. „Die schönsten Ponygeschichten", „Das magische Pony" und ein Buch mit Drachen. Der letzte kleine Kunde an der Beethovenschule will noch dringend etwas wissen: „Können Sie bitte mal gucken, ob das auch ein Antolin ist? Manche Bücher von Leserabe gehören dazu", glaubt der Junge mit Zahnspange zu wissen. Als Anfängerin denke ich beim Zuhören, dass es sich dabei um einen Buchtitel, um den Helden einer Kinderbuchreihe handelt. Voll daneben. „Antolin", erklärt der Junge „das sind Bücher, wo man ganz viel lernen kann. Man muss Fragen zum Buch beantworten, zum Inhalt, und da gibts dann Punkte drauf. Unsere Lehrerin macht das mit uns, macht Spaß."

Während Herr Jahn und Frau Herde die abgegebenen Bücher verstauen, sichert Herr Ganjali den hinteren Teil des Busses für die Fahrt, und es geht weiter in Richtung Goetheschule – zur zweiten großen Pause.

Wir parken den Bus auf dem schönen, alten Schulhof, auf dessen Spielplatz ein paar Kinder von der benachbarten Kita spielen. Hinter den großen Fenstern werden Buchstaben und Grundrechenarten besprochen, Tier- und Pflanzenwelten erkundet oder Fensterschmuck gebastelt. Wir machen eine kleine Frühstückspause. Es ist die Ruhe vor dem Sturm. Denn wenige Minuten später gongt es, und die Kitakinder verlassen für die Pause den Schulhof, während die Goetheschulkinder den Hof und den Bus erstürmen. Innerhalb weniger Minuten füllt sich die Fahrbibliothek, und im Stimmengewirr werden Tipps hin- und hergerufen, Mitschüler oder das Busteam begrüßt, Leihausweise nervös im Rucksack gesucht und an der Theke Fragen nach diesem oder jenem lang erwarteten Medium gestellt. Der absolute Renner sind auch hier die Nintendo-DS-Lernspiele. Herr Jahn und Frau Herde übernehmen die Ausleihe, während Herr Ganjali aussteigt und als Türsteher den Ein- und Auslass managt. Mittlerweile sind so viele ABC-Schützen im Bus, dass weitere nur hineinkönnen, wenn andere gehen. Während zwei Freundinnen aus der 3f sich mit einem Stapel Sachbücher und Hexe-Lili-Bücher in die Warteschlange zur Ausleihe stellen, ruft ein Junge namens Elias ihnen zu: „Habt ihr Madagaskar 2 wieder zurückgegeben?“ Madagaskar 1 hält er beim Weitersuchen fest in seiner Kinderhand. Jetzt weiß ich auch, warum der Bus ausfahrbare Stützen im hinteren Bereich hat. Denn obwohl diese ausgefahren sind, schaukelt der Bus mit den vielen Menschen an Bord manchmal leicht wie ein Schiff auf hoher See. Zwei Jungs, die letzten in der Schlange, fangen beim Warten vor der Ausleihtheke schon mal mit Lesen an – keine schlechte Idee, denke ich und linse auf die Titel: „Die drei Fragezeichen“.

Kurz vor Pausenende kommt noch eine Lehrerin, um eine vorbestellte Themenkiste und einen Klassensatz für den Deutschunterricht abzuholen. Es gongt ein letztes Mal, und schon sind alle in ihren Klassenräumen verschwunden – wie Mäuse bei Katzenalarm.

MEIN VIERTEL – MEINE BÜCHERBUSHALTESTELLE

Ende April treffe ich das Bücherbus-Team zufällig in meinem Viertel. An der Haltestelle Heinrich-Heine-Straße, dort, wo mir der Bücherbus vor Jahren auf dem Weg zum Einkaufen aufgefallen war. Im Bus ist nicht viel los – klar, dass ich mir jetzt endlich auch einen Leseausweis ausstellen lasse und nach Büchern und DVDs stöbere. Draußen braut sich gerade aprilwettermäßig eine dunkle Wolkenfront zusammen, irgendwo aus Richtung Hanau ist Donnergrollen zu hören.
„Gleich gehts los“, begrüßt uns eine ältere Dame beim Betreten des Busses und meint damit die Wetterverhältnisse. Schnell und gezielt sucht sie sich neue Bücher aus, wahrscheinlich könnte sie das auch blind, denn im kurzen Gespräch erfahre ich, dass sie zu den „ganz alten Stammkunden“ gehört. „Der Bücherbus kommt schon ewig

und drei Tage, und auch ich komm ewig und drei Tage zum Bus", fasst sie es schnittig wie für einen Werbespot zusammen. In der Zwischenzeit ist ein junger Mann mit Rewe-Einkaufstüten dazugekommen, der den Bus von hinten nach vorne durchstöbert. Er ist heute zum allerersten Mal da. „Geh sonst direkt in die Stadtbibliothek zum Ausleihen, aber da ich hier um die Ecke wohne, dachte ich, ich schau mal rein", erklärt er, während draußen die ersten fetten Regentropfen auf den warmen Asphalt und den Bus prasseln. Er macht sich schnell davon, und auch ich verabschiede mich und sprinte mit dem Rad nach Hause, während das Gewitter loskracht, der Himmel seine Farbe in Grauschwarz wechselt und Regenblasen die Straßen übersäen. Zuhause im Trockenen, beim Auspacken meiner Ausleihbeute, denke ich Folgendes: Wenn mich jemals jemand fragen sollte, was ich zum Lesen auf eine einsame Insel mitnehmen will, dann würde ich ohne langes Nachdenken antworten: den Offenbacher Bücherbus.

Stationen unter:
www.offenbach.de

PETZI

Mitten ins Herz

DAS CAFFÉ CUORE SCHENKT KLEINE MOMENTE VON ALLTAGSGLÜCK

Einzelhandels-Azubis lernen zu Beginn ihrer Ausbildung einen schönen Satz über die vier wichtigen „M“, die einen guten Verkäufer ausmachen: Man muss Menschen mögen. Dieser Satz sollte jedem ABC-Schützen in die Schultüte gepackt und auf den Weg durchs Leben mitgegeben werden.

Auf Franco als Mensch und als Einzelhändler trifft diese Aussage mehr als zu. Ob Stamm- oder Laufkundschaft, ob Anwalt, Kioskbesitzer, Logopädin, Magistratsmitglied, Taxifahrer, HFG-Student, Schuhverkäuferin oder IHK-Abteilungsleitung – Franco behandelt alle seine Gäste mit derselben Wertschätzung und Zuvorkommenheit. Er möchte, dass seine Kunden sich wohlfühlen und gern ein bisschen bleiben. Das macht seinen Laden zu einer Begegnungsstätte.

Franco gehört nicht zu denen, die an ihrer Eingangstür ein Schild „Toilette nur für Gäste“ hängen haben. Er meint es gut mit seinen Kunden, aber auch mit all denen, die sich aus irgendeinem anderen Grund in sein Geschäft verlaufen. Selbst beim fünften Gast, der nur nach einer Adresse fragen möchte, geht er in Ruhe mit vor die Tür und erklärt den Weg.

Das Zweite, was mir zu Franco einfällt, sind die wundervollen Lieder, die er singt – alleine oder mit Freunden. Schon wieder so ein italienischer Gastronom, der mit seinem Gesinge nervt, denkt der eine oder andere jetzt beim Lesen. Bei Franco ist das aber etwas anderes. Musik gehört von klein auf zu seinem Leben, sie ist für ihn etwas Essenzielles, wie essen oder lesen. Das merkt man jedem einzelnen seiner Songs an. Die gehen direkt ins Herz.

SUCHT DIE KLEINE, VERSTECKTE MAUS

Entdeckt habe ich das Caffé Cuore vor zwei, drei Jahren, als mir im benachbarten Blumenladen beim Warten auf einen Strauß das Geschäft nebenan ins Auge fiel. Die großen Schaufenster, die von oben bis unten mit Spezialitäten, Espressomaschinen, Karaffen und Tongefäßen gefüllt sind. Auf dem Gehweg stehen kleine Kaffeehaustische mit Stühlen, daneben alte Holzkisten, in denen sich Pasta- oder Weinangebote stapeln. Als ich dann mit meinem Blumenstrauß in der Hand den Laden betrete, löst der Innenraum das Schaufensterversprechen mehr als ein. Draußen vor der Tür liegt zwar noch immer Offenbach am Main, laufen Menschen Richtung Fußgängerzone und stauen sich Autos hupen in der Frankfurter Straße, aber hier drinnen taucht man in einen italienischen Kosmos mit hundert liebevollen Details ein. Ein begehbares, italienisches Wimmelbild.
Wie in einem der „Wir-haben-eine-kleine-Maus-versteckt-Bilder" auf der Kinderseite einer bekannten Frauenzeitschrift muss man Franco in seinem Laden zwischen all den Gegenständen, Lebensmitteln, Pasta- oder Panetone-Bergen erstmal entdecken. Meist werkelt er dann an der Espressomaschine herum, kommt aus dem Lager im unteren Stock oder bereitet hinter der Theke einen Käseteller zu. Wer ihn nicht sieht, der hört ihn irgendwann, wenn er, in irgendeiner Ecke des Ladens stehend oder sitzend, die Gitarre nimmt und einfach so zu spielen und zu singen anfängt.

PRIMITIVO, APULISCHER TOMATENSALAT & MUSIK INTERNATIONAL

Der Winter 2010 war lang, hart und schön, mit viel Schnee und jeder Menge Wintersonne trotz Frostblumen an den Fenstern. In diesem Winter habe ich in Francos Laden einen Rotwein wiederentdeckt, der genau zu so einem Winter passt, wie geröstete Maronen oder Schneespaziergänge am Mainufer. Ein weicher, schwerer Wein aus Apulien, der einen erdig-würzigen Charakter hat, an Waldfrüchte und dunkles Brot erinnert. Zu dem Wein gehört kräftiger Käse oder eine scharfe, einfache Pasta. Neben diesem wunderbaren Primitivo gibt es in den Regalen noch viele andere Weine, Spumantes, Aperitifs oder Digestifs zu entdecken.
Daneben reihen sich in Regalen oder Holzkisten italienische Spezialitäten, liegen Kräuter, getrocknete Tomaten oder Taralli

– ein italienisches Salzgebäck mit Fenchel – auf schönen, alten Tischen bereit. Auch beim Olivenöl bietet Franco eine große und schöne Auswahl an. Von erdig-bodenständig, auch was den Preis betrifft, über bio bis sehr hochwertig oder gar so fein ausgebaut, dass das Öl zum Verkauf in Goldglitzerpapier verpackt werden muss. Ich persönlich mag besonders das Bio-Olivenöl aus Apulien (aus der Region kommt übrigens auch Franco), weil es nussig und etwas ungeschliffen daherkommt und so zum Beispiel ganz großartig zu Rosmarin-Ofenkartoffeln, Rucolasalat oder einer Pasta all'arrabbiata passt.

Ansonsten findet man bei Franco jede Menge Italienklassiker: eine große Bandbreite an Paste und Antipasti, Biscotti, Käse, Gewürze, in Öl eingelegte Gemüse, Passata in Flaschen, Oliven in Gläsern oder Sardellen in Döschen. Aber auch Espressomaschinen, Tassen und italienische Keramik aller Art findet man. Oder so spezielle Dinge wie Crodino, einen alkoholfreien, sprudeligen Aperitif, der seinen Namen von der Stadt Crodo herleitet, wo er 1964 erstmals hergestellt wurde, gibt's hier zu entdecken.

Und dazu gibt es Kunst. Oder vielmehr: Der ganze Laden, sein Inhaber und auch die Gäste sind Teil einer sich immer wieder neu und spontan bildenden Alltagskunst und -kultur. Musik, poetische Texte, Gespräche über Essen und Wein, Italien, Stadt- und Weltpolitik haben hier ebenso ihren Raum wie der kurze Austausch in der Mittagspause unter Kollegen.

In der Mitte des Ladens stehen ein paar Tische, an denen man einen Kaffee oder Aperitif trinken kann, während man dabei entspannt das Einkaufsladen-Wimmelbild betrachtet, Zeitung liest und heimlich darauf hofft, dass Franco trotz Beraten und Bedienen etwas Zeit findet, um zur Gitarre zu greifen. Manchmal bleibt man dann viel länger als gedacht, bekommt von den Liedern Sehnsucht und schließlich auch Hunger. An der Theke kann man sich einen Teller mit Käse, eingelegten Artischocken und Oliven geben lassen. Ab und zu gibt's auch Francos selbstgemachten apulischen Tomatensalat mit Rucola, roten Zwiebeln und Oregano. Dafür allein lohnt es sich, die Feierabendpläne um ein, zwei Stunden aufzuschieben.

Noch mehr natürlich, wenn es Musik dazu gibt. Und nicht nur italienische. Zu Francos Kunden gehören vor allem Italiener und Deutsche, aber auch viele andere in Offenbach lebende Nationen fühlen sich hier willkommen. Als ich vergangenen Donnerstag in den Laden kam, sangen zwei

Frauen aus dem ehemaligen Jugoslawien mit Franco einige Lieder in ihrer Heimatsprache. In der Woche davor drangen spanische Klänge aus dem Caffé Cuore, die bis auf den Fahrradweg zu hören waren. Manchmal hat man auch das Glück, Cordula oder einen der Jungs aus der „Caffé Cuore Band" anzutreffen, mit denen Franco seit einigen Jahren zusammen spielt.

LECCE - FRANCOFORTE - OFFENBACH

Mit etwa zwanzig Jahren kam Franco zum ersten Mal nach Deutschland. Freunde aus seinem Heimatdorf Lecce im Süden Apuliens hatten in Frankfurt Arbeit gefunden und erzählten, dass dort noch Leute gesucht würden. Das war 1972. Ein Jahr vorher hatte er schon in der Schweiz gearbeitet.

„Es gab in Süditalien keine Arbeit für uns, keine Chancen. Wir waren eine sehr große Familie, sieben Kinder, und länger in die Schule gehen oder etwa studieren war nicht drin. Wir mussten auch dazuverdienen, die Familie unterstützen. Das ging allen so in meiner Generation", erzählt Franco. In Frankfurt fand er Arbeit im selben Betrieb wie ein Freund aus seinem Dorf. Eine Gerüstbau- und Malerfirma. „Das war harte Arbeit, aber ich war jung, und alles war besser, als keine Perspektive zu haben."

Eigentlich wollten die jungen Männer aus Apulien hier nur etwas Geld verdienen und dann wieder zurückkehren. „Aber das klappt fast nie", sagt Franco lachend. Er hat hier seine Frau kennengelernt, die aus Mazedonien stammt; gemeinsam haben sie zwei Söhne und eine Tochter. Bis 1981 blieb Franco mit seiner Familie in Deutschland. Als die Kinder schulpflichtig wurden, kehrte er nach Lecce zurück: Die Kinder sollten in Italien zur Schule gehen, und er hoffte, sich dort mit dem gesparten Geld etwas aufbauen zu können. Aber der Traum vom guten Leben in der alten Heimat ließ sich nicht so leicht verwirklichen wie gehofft. „War gut integriert dort, aber es war nicht mehr dasselbe Italien, das ich in 72 verlassen hatte. Auch wir hatten uns in all den Jahren verändert, haben irgendwie einen Zug verpasst. Wo waren wir wirklich zuhause? Auch mit der Arbeit war es viel schwieriger als gedacht."

1993 kehrte er nach Deutschland zurück mit dem Wunsch, sich hier selbstständig zu machen. Anfangs importierte er italienische Lebensmittel für Läden und Restaurants. Eine Zeit, in der er viel zwischen den beiden Ländern, die zusammen seine

SOLTON
KETRON
FBI öffnet
ARCHIV
Autobahn
Horror!
Bild
Biscotti
ESPRESSO
ALTO
CONTIENE
1 UOVO T3
FAZZOLETTATO
LATTE
FONDENTE

V.I.P.
ZONA RISERVATA
VECCHIA ROMAGNA
KIMBO
RIO
Für die Musiker

Caffè
Cuore
Bauli
ZUM HIER ESSEN
oder ZUM MITNEHMEN

Heimat ausmachen, unterwegs war, Tausende von Kilometern pro Woche. Dann eröffnete er ein Geschäft für italienische Lebensmittel in Frankfurt, später in Offenbach. Zunächst lag das Caffé Cuore in der Kaiserstraße, zwei Jahre lang, die nicht einfach waren. „Am Anfang war es sehr schwierig, wir wollten schon aufgeben und zumachen. Dann hab ich weitergemacht, Kontakte geknüpft, Werbung gemacht, das Weinangebot ausgebaut, und langsam hat es sich dann rumgesprochen, kamen mehr Kunden", erinnert sich Franco an die Startschwierigkeiten.

„Durch die Gitarre im Schaufenster sind auch viele Musiker und Musikliebhaber gekommen, durch Mundpropaganda. Ja, und nach und nach lief das Geschäft dann immer besser, ich bin nach fast fünf Jahren in Offenbach sehr zufrieden heute."

2009 zog der Laden ein paar Meter weiter, um die Ecke in die neugestaltete Frankfurter Straße. Weiterhin ganz nah an der Fußgängerzone, inmitten von Betrieben, Ämtern und Banken, Blumen- und Frisörläden. Das Caffé Cuore und Franco haben ihren festen Platz im Herzen der Stadt gefunden.

„KEINE AMORE OHNE CAFFÉ CUORE"

Viele der Kunden kommen auch wegen der Hausmarke Caffé Cuore. Aus Frankfurt, Aschaffenburg oder Darmstadt reisen die Fans an, um den Caffé direkt beim Erfinder & Händler zu kaufen und frisch mahlen zu lassen. Die Idee dazu kam 1995 mitten in der Nacht auf einer der vielen Transportfahrten zwischen Deutschland und Italien.

„Ich war auf dem Weg nach Genua. Eine wichtige Lieferung, und ich war schon sehr müde. Habe an allen Tankstellen an der Landstraße nach einem starken Kaffee gesucht, aber ohne Erfolg. Irgendwann später hab ich dann eine Kaffeebar auf der Landstraße entdeckt und dort einen doppelten Espresso bestellt. In diesem Augenblick war ich wieder wach, mein Herz war wieder voll da", erinnert sich Franco noch an jedes Detail dieser Nachtfahrt. Beim Weiterfahren kam ihm dann der Gedanke: „So etwas brauche ich auch in Deutschland", die Grundidee für eine eigene Kaffeemarke war geboren oder eher in dieser Nacht erwacht. In Italien suchte Franco sich eine Rösterei, in der er die zusammengestellte Mischung bis heute rösten und verpacken lässt. Den Name für diesen würzigen und dennoch weichen Kaffee hatte er bereits auf seiner Nachtfahrt nach Genua gefunden. Auf den Plakaten hinter der Theke wirbt er dafür mit „Keine Amore ohne Caffé Cuore". Darauf muss man erstmal kommen.

Seit den 90igern verkauft er den Kaffee in zwei besonderen Mischungsvarianten vor allem in Deutschland. Zu den festen Kunden gehören seit Jahren Restaurants, Eisdielen, der Einzelhandel und jede Menge LiebhaberInnen – für die hat er in seinem Offenbacher Laden ein ganz besonderes Caffé-Cuore-Sammelangebot: Für jedes dritte Kilo Kaffee gibt es beim Einkauf eine Flasche Wein aus dem Laden gratis dazu. „Aber eine gute Flasche Wein, nicht irgendeine", betont Franco. „Was bringt es, wenn ich guten Kaffee verkaufe und dazu schlechten Wein verschenke?"

ZUKUNFTSMUSIK & NOTENTEXT

Ich mag es nicht, wenn Franco in unseren Gesprächen ab und an mit dem Thema Aufhören anfängt. „Noch fünf bis sechs gute und schöne Jahre hier im Laden und dann im Alter in Italien ein kleines Stück Land bearbeiten, für mich, meine Familie und Freunde. In meinem Dorf einfach als Bauer leben, das kenne ich von klein auf", träumt Franco vom Ruhestand in Italien. Und fügt hinzu: „Ein Bauer ist nie alleine, weißt du, kümmert sich um Pflanzen, Tiere, die Leute kommen auf ein Schwätzchen vorbei oder um Gemüse zu holen." Ich wünsche Franco natürlich all das, was er sich für sein Leben wünscht. Aber der Ruhestand soll bitte erst mit frühesten 70 beginnen. Danach kann er machen, was er will, aber bis dahin soll das Caffé Cuore weiterhin fest in Offenbach schlagen.

Apropos Cuore: In der Musik gibt es sogenannte Vortragsanweisungen. Textuelle Ergänzungen des Komponisten, die dem Vortragenden zusätzliche Hinweise zur Ausführung der Musik geben sollen. Auf den Notenblättern steht dann zum Beispiel pianissimo (sehr leise) oder capriccioso (launisch), adagio (gemächlich) oder appassionato (leidenschaftlich). Mit der Präposition con werden große Gefühle und tiefe Empfindungen an- und ausgesprochen: con anima (mit Seele, belebt), con dolore (mit Schmerz), con fuoco (mit Feuer) oder con sentimento (mit Gefühl).

Wenn es so etwas wie Notenblatt-Anweisungen auch für unser Leben geben würde, dann müsste bei Franco zwischen den Notenzeilen „con cuore" stehen. Gäbe es diese Vortragsbezeichnung, würde sie genau die Art beschreiben, wie Franco seinen Laden, sein Café und sein Leben führt.

Man muss Menschen mögen. Eine Arbeit ohne Kontakt zu Menschen und ohne Austausch wäre für Franco undenkbar, sagt er in einem unserer Feierabendgespräche und ergänzt: „Jeder sucht doch was, einen Sinn, jeder kann täglich ein bisschen was dafür tun, auch für andere." Nicht jedem Politiker, aber Franco nimmt man das auf der Stelle ab.

Caffé Cuore
63067 Offenbach, Frankfurter Straße 57
Tel 069 36 60 95 30
www.caffe-cuore.de

Caffè
ESPRESS
500 g

uvex

Blind Date

DURCH DEN STADTWALD MIT DEM BLINDEN-TANDEMCLUB OFFENBACH

Auf der Rosenhöhe liegt in einer kleinen Seitenstraße am Waldrand die Garage, von der aus wir starten. Ein Großteil der „Piloten" und „Kopiloten" ist bereits versammelt, Räder werden abfahrbereit gemacht, Sättel eingestellt. Ganz nebenbei finden temporäre Paarbildungen für den heutigen Feierabendausflug statt. Das übernimmt André, er gehört zum festen Mitgliederstamm des Offenbacher Tandemclubs. Seinem Dialekt nach kommt er aber aus einer ganz anderen Ecke Deutschlands, Hessisch klang für ihn wahrscheinlich mal wie eine Fremdsprache. Später erfahre ich, dass er in Potsdam aufgewachsen ist.

„So, jetzt hab ick einfach euch beide mal für heute verheiratet, ihr nehmt bitte det Tandem", sagt André in Richtung Maria und Frederic, der ebenso wie ich heute zum ersten Mal als Pilot, das heißt als Sehender, mit dabei ist. Seine Kopilotin Maria ist sehbehindert und seit zweieinhalb Jahren aktives Mitglied im Verein.

Der Tandemclub Offenbach ist nämlich ein Verein für Blinde, Sehbehinderte und ihre Freunde. Gegründet wurde er 1989 von einigen Mitgliedern der Bezirksgruppe Offenbach des Blindenbundes Hessen. Ihre Motivation war die Lust am gemeinsamen Radfahren durch die Natur, von entspannter Minitour bis Ausdauersport. Aktuell zählt der Verein um die 40 Mitglieder. Aber dazu später mehr. Jetzt erstmal zurück auf Start, zum Treffpunkt am Waldrand für meine erste Fahrt mit dem Blinden-Tandem durch Offenbach und Umgebung.

André teilt mir ein Tandem zu, richtet die Sattelhöhe ein und deutet dabei mit dem Kinn auf einen jungen Mann, der gerade aus einem Auto steigt und mit einem Blindenstock auf uns zugelaufen kommt. „Det is Malek, dein Kopilot für heute." Wir begrüßen uns und stellen uns kurz vor, während ich unverkrampft damit umzugehen versuche, dass mich mein Gegenüber beim Reden nicht direkt anschaut, mich nicht sehen kann. Klar, dass ich mir darüber im Vorfeld Gedanken gemacht habe. In der persönlichen Begegnung ist es dann aber doch etwas vollkommen anderes, wenn ungewohnterweise kein Blickkontakt stattfindet. Wenn scheinbare Selbstverständlichkeiten wie ein ernster, verschmitzter, trauriger, konzentrierter oder lächelnder Blick, wenn strahlende oder skeptisch schauende Augen in der Kommunikation fehlen. Fast automatisch beginnt man sich viel stärker auf die Worte, auf das Erzählen zu verlassen, um sich darüber Bestätigung oder Vergewisserung, ein Ja oder ein Nein einzuholen.

Unsere Feierabendtour wird somit nicht nur ein sportlicher, sondern auch ein kommunikativer Ausflug. Ich rede, was das Zeug hält. Kommentiere, erkläre, frage nach, beschreibe - und höre zu. Malek ist ein offener Mensch. Ausgelassen und ausgeglichen, humorvoll und lebendig, lässt er sich gern auf die gemeinsame Fahrt, auf das Erzählen, Fragen und Antworten ein. Dass er die nächsten dreißig Kilometer einer vorher völlig Fremden mehr oder weniger blind vertrauen wird, scheint für ihn absolut kein Problem.

Auf einem nahen Parkplatz drehen wir ein paar Proberunden. Ich komme mir vor wie in einer meiner ersten Fahrstunden. Wie damals gebe ich erst viel zu viel Gas und bremse dann zu abrupt ab. Nehme die Kurven mal zu scharf, mal in einem Bogen, der Platz für eine Schafherde ließe. Malek bleibt gelassen, erklärt mir kurz und unkompliziert, auf was so zu achten ist, und nimmt mir mit einem „Ist doch kein Problem“ oder „Das passt schon“ alle meine Anfängerbedenken.

Vor dem Losfahren begrüßt André uns zwei Neue noch mal ganz herzlich und gibt ein paar Infos zur geplanten Route. Die gesamte Gruppe ist nett, sehr offen und interessiert. Man fühlt sich auf Anhieb willkommen und hat nicht das Gefühl, erst irgendeine Art von Prüfung ablegen zu müssen, um dazuzugehören. Und dann gehts los. Vier Tandems starten in Richtung Stadtwald, der an diesem Spätnachmittag sonnendurchflutet ist, das noch ganz junge Laub hellgrün, fast transparent. Temperaturen für kurze Ärmel und ein blauer Himmel über uns - nicht schlecht für Mitte April.

„Losfahren!“, rufe ich nach hinten zu Malek und trete fest in die rechte Pedale, die beim Anfahren immer oben stehen soll. Das ist eine der kleinen, sinnvollen Ver-

abredungen zwischen Pilot und Kopilot. Losfahren, Anhalten, Bremsen, Schalten, Steigung, Brücke, Stau, rote Ampel: Solche Zurufe erleichtern nicht nur kräftemäßig die Fahrt, weil ein gemeinsames Agieren effektiver ist, sondern dienen auch der Absprache, ohne die es leicht zu Komplikationen oder Missverständnissen kommen kann. Links oder rechts abbiegen sollte man als Pilot zum Beispiel ebenso mitteilen wie einen holprigen Schotterweg, Baumwurzeln, die die Asphaltdecke hochdrücken, tief hängende Zweige oder Wildschweine, die die Fahrbahn kreuzen, damit der blinde Kopilot ebenfalls darauf vorbereitet ist und mitreagieren kann. Auch bei scharfen Bremsmanövern oder abruptem Absteigen ist es sinnvoll, den Tandempartner vorher zu informieren. Es ist einfach leichter abzubremsen, ohne dass hinten jemand weiter in die Pedale tritt.

Das alles hört sich jetzt vielleicht kompliziert und anstrengend an. Ist es aber nicht. Das Ganze macht vor allem Spaß, ist kommunikativ und sportlich zugleich, und es ist eine tolle, neue Erfahrung, dieses besondere Unterwegssein kennenzulernen. Malek und ich erzählen und treten Giro-d'Italia-mäßig in die Pedale. Während wir uns so besser kennenlernen, durchqueren wir, von André fachmännisch angeführt, den Stadtwald zuerst nach Süden, in Richtung Heusenstamm. Dann biegen wir in nordwestliche Richtung ab und nehmen Kurs auf den Goetheturm. Wir reden über unsere Arbeit und den Tandemclub, über das, was ich sehe und was er riecht, hört oder über andere Sinne mitbekommt. Unterwegs liegen kürzlich gefällte Baumstämme zu einer Holzpyramide getürmt am Wegrand. Malek riecht das noch frische Holz, das Harz. Kurz darauf ein kilometerlanger Bärlauch-Teppich, der bis Frankfurt duftet – Malek tippt auf Knoblauch und liegt dabei nur knapp daneben. Es macht Spaß, all diese Alltagsbilder auf so ungewohnte Art zu „vertonen", zu „verduften" und (mit-) zu teilen, Selbstverständliches dabei neu und anders zu sehen und Maleks Eindrücke zu hören. „Das riecht frisch nach jungen Zweigen", beschreibt er treffend einen jungen Buchenwald und kurz darauf riecht und hört er einen Bachlauf, der in einen Weiher mündet, noch bevor ich ihn entdecke.

Seit 2004 ist Malek aktiv im Verein dabei. Seine visuelle Wahrnehmung hat er durch eine Augenerkrankung verloren, vorstellen kann er sich aber nach wie vor noch alles. „Wenn du mal sehend warst, dann kann dein Gehirn sich noch unglaublich viele Eindrücke oder Worte in Bilder übersetzen", erklärt er.

Am Goetheturm machen wir unsere erste kleine Pause. Das ist genau richtig, um mal kurz runterzukommen, auch vom Rad, denke ich. Denn gerade habe ich in einer Kurve wegen zu hoher Geschwindigkeit ohne Ansage scharf abgebremst und mich wenige hundert Meter weiter in einer schwer einsehbaren Kurve fast mit einem Holzzaun angelegt. Beim langsamen Weiterfahren wird das Ganze dann durch Gewicht und Länge des Tandems zur Wackelnummer. Zum Glück nimmt Malek das alles gewohnt lässig und humorvoll auf. Gleicht fahrtechnisch mühelos aus oder stellt ab und an einfach die Füße auf den Boden, um ein Umkippen zu verhindern.

Offensichtlich mache ich mir viel zu viele Gedanken. Denn beim Losfahren am Goetheturm bekomme ich von Malek ein unerwartetes und wie mir scheint ehrliches Lob: „Du fährst gut, wirklich", sagt er, und bevor ich etwas darauf erwidern kann, müssen wir auch schon wieder kräftig in die vier Pedale treten, weil ich eine Autobahnbrücke sichte und daher „extreme

Steigung in etwa 50 Metern" rufe. „Vamos", feuert Malek von hinten an, und wir überholen beim Brückenmanöver nebenbei noch André und Rima.

Die Berg- und Talfahrten haben es übrigens in sich. Wenn man gewohnt ist, gemütlich alleine mit einem leichten Alurad durch die Gegend zu gondeln, ist es nicht ohne, mit einem riesigem Tandem und einem – grob geschätzt – Zweimetermann eine langgezogene Steigung hochzufahren. Malek und ich nehmen mit viel Spaß die Herausforderung an, treten das Tandem kraftvoll die Brücke hoch, und es ist ein superschönes Gefühl, wenn man, ohne absteigen zu müssen, den höchsten Punkt erreicht und dann die Abfahrt nimmt, an Bäumen, Bärlauch und Lichtungen samt Eichhörnchen vorbeirauscht.

Normalerweise verbinde ich mit meinem Fahrrad keinen großen Ehrgeiz. Ich fahre einfach gerne Rad – zur Arbeit, zum Kino, am Main entlang, zum Entspannen und zum Austoben nach der Arbeit. Malek dagegen kann stolz auf die Teilnahme am Henningerturmrennen zurückblicken, erfahre ich bei Kilometerstand 17 unserer Tour. 2007 ist er gemeinsam mit anderen aus dem Verein die Halbtagesstrecke in und um Frankfurt herum gefahren, inklusive Höhen und Tiefen des Vordertaunus. „Das war schon echt eine Herausforderung", erinnert Malek die Monstertour und hängt – zur Beruhigung meines sportlichen Selbstverständnisses – noch dran: „Das war zum Teil aber auch krass."

Neben den „Kleinen Feierabend-Touren", die meist über 20 bis 30 Kilometer in und um Offenbach herum führen, unternimmt der Tandemclub auch längere Fahrten oder steigt im Sommer für eine Paddel-Tour auf dem Main auch schon mal auf ein Drachenboot um.

Nach einigen Kilometern kommen wir an eine Quelle, wie der Goetheturm im Frankfurter Teil des Stadtwaldes gelegen. Das sogenannte „Königsbrünnchen" wurde 1881 in Naturstein gefasst und bildet den Zusammenschluss von vier Quellen. Es ist die einzige natürliche Quelle im Stadtwald; dem Wasser wird eine heilende Wirkung zugesprochen. Die Steine der Fassung sind durch Eisenoxydhydrat rötlichbraun gefärbt, der faulige Geruch kommt vom Schwefelwasserstoff. Einige trinken freiwillig von dem nach Rost schmeckenden Wasser, das bestimmt gesund ist, mich hält aber der Schwefelwasserstoff von einer Annäherung ab. Die Quelle muss ich bei meinen bisherigen Stadtwaldtouren schlichtweg übersehen haben. Der Ort liegt schattig und geschützt zwischen Bäu-

Zweiplus zwei

men, es ist kühl, man hört und riecht das eisenhaltig-schweflige Quellwasser. Ein schöner, romantischer Ort, der ein bisschen an alte Robin-Hood- oder MDR-Märchenfilme erinnert. Dazu passt, was André von der Infotafel für die nicht sehenden Biker vorliest. Eine Sage berichtet, dass der Frankenkönig Ludwig III. im Wald Jagd auf Elche und Auerochsen machte. Als der König an einem Johannistag alleine unterwegs war, legte er sich an dem Bächlein nieder, dessen beruhigendes Geplätscher ihn schläfrig machte. Im Traum erschienen ihm lieblich tanzende Geschöpfe, darunter auch seine Frau, die er eigentlich aufgrund falscher Unterstellungen in ein Kloster verbannt hatte ...

Wer wissen möchte, wie die Geschichte weitergeht und wie verzaubert und erholsam dieser versteckte Ort heute noch ist: zwischen Isenburger Schneise und Parkplatz Oberschweinstiege, links dem Bachlauf folgen bis zum Königsbrünnchen.

Bevor wir auch schläfrig werden oder zu träumen anfangen, ruft André besonnen zur Weiterfahrt. Zuvor mache ich noch eine kleine Runde, um mit dem Rest der Tandemgruppe zu plaudern. Maria und Frederic wirken zufrieden und entspannt auf ihrer ersten gemeinsamen Tour. Peter radelt heute als Kopilot mit Karin. Er ist ein „alter erfahrener Rad-Hase", erfahre ich, Gründungsmitglied und aktiv im Verein dabei. Karin arbeitet schon lange für den Blindenverband und hat den Verein gleich nach ihrem Umzug nach Offenbach im vergangenen Winter entdeckt. André fährt als Pilot mit Rima auf einem Tandem. Seit über 12 Jahren ist er dabei und kümmert sich engagiert um vieles im Verein – auch wenn er nicht so gerne drüber spricht. Sympathisch. Rima gehört seit 2000 zum Verein, sie liebt seitdem die Kombination von sportlichem Radeln und Natur und arbeitet aktiv im Vorstand mit. Johannes ist der erste Vorsitzende des Vereins und heute alleine auf dem Rad unterwegs, weil seine Frau einen Termin hat. Sonst ist er seit über 21 Jahren mit ihr gemeinsam auf dem Tandem unterwegs. Er kümmert sich unter anderem um die nicht ganz einfache Aufgabe, Unterstützer und Sponsoren zu finden.

Knapp zwei Stunden sind vergangen, und alles, was sich vor der Feierabendtour noch als vermeintlich wichtig, brisant oder unaufschiebbar auf meiner inneren „To-do-Liste" breitgemacht hatte, hat sich während der Fahrt in Luft aufgelöst oder wieder den ihm angemessenen 3., 4. oder 16. Platz eingenommen. Ich bin superentspannt, leicht ausgepowert und B-ä-r-e-n-

Hunger ist das richtige Wort für den Zustand in meiner Magengegend.
Offenbar haben wir inzwischen Kurs auf Neu-Isenburg genommen. Ich habe schon lange keinen Überblick mehr darüber, wo genau wir sind, erkenne aber immer wieder mal Fragmente, Teilstrecken von „meinem" Stadtwaldpuzzle. Zwischen Quelle und Stadtrand Neu Isenburg müssen wir durch einige Holztore, die die Fahrwege unterbrechen. Nächste Herausforderung, denke ich und steuere auch schon das erste der Tore an. André ist so nett, es für die nachfolgenden Mitfahrer aufzuhalten. Ich nehme Tempo raus, informiere Malek, wie es sich gehört, über die Durchfahrt und steuere gezielt die Tormitte an. Aber mir fehlt das Geschick dafür, bei einer Geschwindigkeit von fünf bis sechs Stundenkilometern das Tandem plus Personen auszubalancieren, unser Gefährt gerät ins Schwanken. Meine Angst umzufallen ist aber gegenstandslos: „Kein Problem, wir schieben einfach durch", sagt Malek gelassen. Seine Füße hatten schon längst den Boden berührt.
Den Neu-Isenburger Stadtrand lassen wir rechts liegen und radeln in Richtung Offenbach weiter.
Ich frage Malek, was er so macht, wenn er nicht auf dem Radsattel oder Bürostuhl in einer Offenbacher Behörde sitzt. „Ich verreise gern. Mache Musik und hör manchmal Bücher, geh mit Freunden aus oder ins Kino." Ob Filme dann wie ein Hörbuch funktionieren bei ihm, will ich als leidenschaftliche Kinogängerin wissen. „Ich hab den Sound, die Töne und Worte. Filme mit viel Rumgeballer und viel Action sind natürlich nicht so super geeignet. Independence Day oder Inception wären größtenteils einfach nur laut oder hektisch für mich und würden nicht wirklich Spaß machen. Aber je mehr gesprochen wird im Film, desto interessanter ist er für mich. Und da ich ja mal sehen konnte, kann ich mir alles noch gut vorstellen. Wenn der Film läuft, dann malt sich das Gehirn die Bilder zum Text zusammen." „Blind Side" mit Sandra Bullock oder „Eat, Pray, Love" mit Julia Roberts hat er zuletzt im Kino gehört, im Kopfkino gesehen. Malek mag vor allem Komödien.
Beim Reden über Filme sind wir unangestrengt auf der Zielgeraden unserer Feierabend-Tour angekommen. Die Tennisplätze und ersten Häuserreihen auf der Rosenhöhe sind durch die Bäume zu erkennen. Noch ein kurzer 500-Meter-Endspurt, und wir sind wieder an der Garage, am Ausgangspunkt der Tour. Als wir uns schnell verabschieden, weil alle Hunger

haben und einige zum Bus müssen, steht für mich längst fest, dass dies nicht die letzte Feierabendtour mit dem Tandemclub war.

Von Mitte April bis Mitte Oktober finden an jedem zweiten und vierten Sonntag Radtouren statt, ebenso an einigen Dienstagen. Im Winter bietet der Verein gemeinsame Wanderungen an. Daneben wird im Sommer meist auch eine mehrtägige Radtour veranstaltet. Interessenten sind stets herzlich willkommen – ob sie nur mal „reinschnuppern" oder regelmäßig mittouren und Mitglied werden wollen. Gerade an Piloten fehlt es dem Verein manchmal, sodass nicht immer alle Sehbehinderten mitradeln können.

Der ungewöhnliche (Sport-) Verein für alle, die die Natur lieben und die Füße nicht von den Pedalen lassen können – mit oder ohne Sehbehinderung –, ist seit über 20 Jahren ein tolles Beispiel dafür, dass Integration und Teilhabe im Alltag keine Worthülsen bleiben müssen.

Als ich mich auf den Heimweg mache, geht die Sonne gerade unter, berührt Schornsteine und Dachantennen und taucht diesen Feierabend in ein ganz warmes und mildes Licht, dem selbst das Überqueren des vierspurigen Odenwaldrings mit seinem Autoverkehr nichts anhaben kann. Ich nehme die Abkürzung über den Alten Schlachthof und steuere meine von einem sympathischen Iraner geführte Pizzeria in unsrem Viertel an. Diese erste Tandem-Tour in Offenbach, denke ich beim Pastaessen, wird mir lange in Erinnerung bleiben. Manchmal tut ein Perspektivwechsel gut.

Und beim nächsten Kinofilm werde ich an einigen Stellen einfach mal die Augen schließen, mir die Geschichte nur anhören und die Bilder dazu im Kopf zusammenbasteln.

www.tandemclub-offenbach.de

Sechs Brüder & eine türkische Bäckerei

JEDE MENGE BACKWAREN, WERTE UND FAMILIENSINN

Sonntag früh und über Nacht 30 Zentimeter Neuschnee. Beim Spaziergang am Mainufer versuche ich, möglichst viele Erstfußabdrücke im Schnee zu hinterlassen, und wundere mich über den Gleichmut, mit dem die Nilgänse im eisigen Main plantschen. Auf dem Heimweg weht mir ein süßer Hefeduft nach frischen Brötchen und Croissants in die Nase.

Ich bin hungrig und folge der olfaktorischen Spur, vorbei am Isenburger Schloss und der Hochschule für Gestaltung. Der Duft wird intensiver. In der Ziegelstraße begegnet mir eine junge Frau mit Baguette unterm Arm und weist mir freundlich den Weg: „Ja, nix weit und Hof." Beim Einbiegen in die Sandgasse ist auch schon der große Hof mit den Bäckereigebäuden zu sehen. Seit diesem Winter gehört die Bäckerei Cavus zu den wichtigen Koordinaten in meinem Stadtplan. Ich weiß jetzt, wo ich täglich, auch sonntags, schon vor Morgengrauen ofenfrische Brötchen und andere Köstlichkeiten bekomme und auch noch spät abends knuspriges Baguette nachkaufen kann, wenn auf einer Familienfeier die Gäste besonders hungrig sind.

TRÄUME, MUT & MISTER PRESIDENT

Inzwischen gibt es kaum ein Produkt aus dem riesigen Sortiment, das ich noch nicht probiert habe – oder vermutlich bei einem Flug nach Italien als Zwischenmahlzeit aufgetischt bekam. Denn Cavus ist nicht einfach eine Bäckerei. Der Betrieb beliefert unter anderem Fraport und die großen Caterer.

In einem Gespräch erzählt mir Erol Cavus, einer der Geschäftsführer, von den Anfängen dieser Erfolgsgeschichte. Es ist die Geschichte seines Vaters, der als junger Mann auszog, um für sich und seine Familie etwas aufzubauen. Dafür verließ Mehmet Cavus Anfang der Sechzigerjahre seine türkische Heimat und ging wie viele andere Gastarbeiter nach Deutschland – mit Mut und vielen Ideen im Gepäck, vom Traktorkauf bis zur Unternehmensgründung. „Der Wunsch meines Vaters war, dass er mit seinen Kindern zusammenarbeiten wollte. Im eigenen Unternehmen, das man sich zusammen aufbaut." Drei Kinder waren schon in der Türkei geboren worden, drei weitere kamen in Deutschland dazu. Alles Söhne.

Der Traum vom Familienunternehmen begann mit dem Kauf einer kleinen türkischen Bäckerei in Mühlheim. „Eine Bäckerei ist ein Betrieb für Grundnahrungsmittel, die jeder Mensch benötigt, also eine gute Investition", erklärt Erol Cavus die Entscheidung seines Vaters. Seit 1998 hat das Unternehmen seinen Hauptsitz in der Offenbacher Sandgasse, mit Produktionsstätte und Verkaufsladen. Insgesamt gibt es sechs Verkaufsläden, ebenso viele wie Söhne. Aber der Schwerpunkt des Dienstleistungsunternehmens liegt in der Produktion. Die eigenen Läden kamen erst vor zwei Jahren als zweites Standbein hinzu.

„Wir beliefern aus eigener Produktion das gesamte Rhein-Main-Gebiet", erklärt Erol Cavus und nennt, ohne eine Spur von Angabe, einige seiner großen Kunden. Die Europäische Zentralbank, Opel, Lufthansa, Fraport, die Uniklinik, die großen Hotels sind nur einige davon. „Wir haben insgesamt etwa 450 Kunden, die wir an 365 Tagen im Jahr beliefern, und wir liefern mehrmals am Tag." Dafür ist das Unternehmen seit seiner Gründung „ein Stück weit gewachsen". Das ist leicht untertrieben.

Mittlerweile führen die sechs Söhne den Betrieb alleine. Bevor sie sukzessive in das Familienunternehmen einstiegen, bestand der Vater darauf, dass sie alle zunächst in anderen Unternehmen eigene Erfahrungen sammelten, erzählt Erol Cavus und fügt liebevoll schmunzelnd hinzu: „Unser Vater war das Oberhaupt, so was wie der Mister President."

Heute ist Mister President im Ruhestand und lebt abwechselnd in der Türkei und in Deutschland. „Er ist jetzt zwar viel öfter in der Türkei, aber er kann nicht so lange am Stück dort bleiben, er muss immer mal wieder vorbeikommen und mit dabei sein", beschreibt Erol Cavus das väterliche Pendeln zwischen der ersten und der zweiten Heimat.

CAVUS
BÄCKEREI

KADAYÎF, BLECHKUCHEN, BÖREK UND CIABATTE

In den Backstuben in der Sandgasse werden täglich Hunderte von Mehlsäcken geöffnet und zu internationalen Köstlichkeiten verarbeitet – von arabischem Brot über Plunderstückchen bis zu Flammkuchenteig findet hier fast jede in Offenbach lebende Nation vertraute Genüsse. Neben einer Vielzahl an traditionell türkischen Backwaren gibt es ein großes Sortiment an deutschen, mediterranen und orientalischen Produkten. Das spiegelt auch die Kundschaft in der Sandgasse wider, wo Türken, Spanier, Italiener, Marokkaner, Deutsche, Franzosen und Griechen anzutreffen sind. Schüler, HfG-Studenten, Arbeiter der Stadtwerke oder Gläubige aus der gegenüberliegenden Mevlana-Moschee treffen auf Bankangestellte, türkische und marokkanische Rentner oder Azubis vom nahen Toys„R"Us. Das macht das Einkaufen hier nicht nur in kulinarischer Hinsicht zu einem multikulturellen Erlebnis, schafft eine ganz besondere Atmosphäre.

„Wir haben versucht, Hemmschwellen abzubauen, den Laden durch unser Angebot und durch die Art, wie wir arbeiten, für alle Offenbacher zu öffnen", sagt Erol Cavus. Offensichtlich mit Erfolg. Die superleckeren Sesamringe, Fladenbrote oder Börek gehören mittlerweile auch bei vielen deutschen Kunden zur Alltags-Esskultur.

Für ein spezielles Angebot stehen die Leute sogar bis auf den Hof hinaus an: das sogenannte Ramadanbrot, das nur während der muslimischen Fastenwochen gebacken wird, täglich frisch von 17 bis 20 Uhr. Menschen aus allen muslimischen Nationalitäten kommen hier vor dem Fastenbrechen vorbei, um dieses ganz besondere Brot mit nach Hause zu nehmen: ein Fladenbrot, das vor dem Backen mit Butter und Ei bestrichen und mit schwarzem Sesam bestreut wird.

SECHS BRÜDER

Auch ich komme aus einer „kinderreichen" Familie. In der Schule und anderen Kontexten waren meine vier Brüder und meine Schwester bislang ein Alleinstellungsmerkmal, das eine entweder von Mitleid oder von Bewunderung geprägte Reaktion hervorrief. „Wie ist das so, wenn sechs Geschwister gemeinsam einen Betrieb führen", frage ich, als ich bei Erol Cavus im Geschäftsbüro sitze, hinter ihm das schöne, große Foto mit den sechs Brüdern und dem Vater. Ich denke dabei an die

Kinderstreitereien bei uns zu Hause, an endlose Diskussionen beim Kartenspielen oder Verteilen von Bauernhoffiguren. Erol Cavus lacht.

„Ja, wie läuft das mit Brüdern, wie kann man in der Familie ein Unternehmen gut führen? Da sind Grundwerte sehr wichtig, Werte, die nichts mit dem finanziellen Aspekt zu tun haben. Dinge wie Vertrauen, Zuverlässigkeit und Liebe zueinander", erklärt er, und man nimmt ihm das sofort ab. Neben gegenseitiger Wertschätzung und Respekt ist den Brüdern und Geschäftspartnern auch soziales Engagement wichtig. Als Ausbildungsbetrieb, aber auch in Projekten, in denen eine positive Quartiersentwicklung gefördert wird, bringt sich das Unternehmen konstruktiv ein in die Entwicklung der Stadt. Im Mathildenviertel wurde mit der Eröffnung der Bäckerei nicht nur eine neue Einkaufsmöglichkeit geschaffen, sondern auch ein Treffpunkt, der das Quartier positiv mitgestalten soll. In der Bäckerei in Lauterborn wurden Bedürftige mit dem Projekt „Brot am Haken" unterstützt. Die Idee hat ihren Ursprung in Neapel: Kunden kaufen zwei Brote, nehmen aber nur eins davon mit nach Hause. Das andere wird an einen Haken gehängt und darf von Besuchern, die nicht viel haben, mitgenommen werden.

Das zweite Erfolgsrezept der Brüder ist, so Cavus, „eine 100%ige Aufgabenverteilung. Es kann nicht jeder die gleichen Aufgaben übernehmen, man hat unterschiedliche Begabungen, Charaktere." Jeder der Brüder hat das Aufgabenfeld übernommen, für das er sich besonders talentiert fühlt. Einer ist für die administrative Arbeit zuständig, andere für Personal, Marketing und Verkauf, und ein Bruder wurde Bäckermeister. Jeder hat seine Abteilung und seinen Verantwortungsbereich. Und das funktioniert offensichtlich. Einmal in der Woche findet eine Sitzung mit der gesamten Geschäftsleitung statt, in der die sechs Brüder gemeinsam über neue Schritte und Projekte im Unternehmen entscheiden. „Es geht nicht, dass einer mehr und einer weniger zu sagen hat. Wir sind Gleiche unter Gleichen", so lautet Cavus' sozial-poetische Kurzformel.

DEUTSCH-TÜRKISCHE BUDDENBROOKS

Die Barilla-Gruppe, die Aldi- und Adidas-Brüder, die Hesselbachs oder die Buddenbrooks: Der Topos des Familienunternehmens ist in der Fiktion wie im echten Leben verbreitet. In Thomas Manns Roman geht es über mehrere Generationen unaufhörlich bergab; Vermögen und Ansehen des Unternehmens wie der Familie gehen verloren. Als Begriff ging der sogenannte „Buddenbrooks-Effekt" in die Literatur ein, von einer spezifischen Instabilität von Familienunternehmen ist da die Rede.

In dem Offenbacher Familienunternehmen sehen die Vorzeichen für die Zukunft ganz anders aus. Die Cavus-Familie hat offenbar nicht nur für ihre Backwaren, sondern auch für erfolgreiches Unternehmertum die richtige Rezeptur gefunden: Unternehmergeist, Familiensinn, gegenseitiger Respekt, Integration und soziales Engagement in der Stadt. Erol Cavus bringt es so auf den Punkt: "Meine Eltern kommen aus der Türkei, aber ich bin Offenbacher, meine zweite Heimat ist die Türkei. Und es ist wichtig, dass es der Stadt gut geht und allen den Menschen, die hier leben."

Cavus Bäckerei GmbH
63065 Offenbach, Sandgasse 28
Tel 069 800 85 76
www.baeckerei-cavus.de